10の「伝える」技術で身につける

うまい、と言われる1分間スピーチ

晴山陽一

土屋書店

はじめに

「。」の聞こえるスピーチをすればうまくいく！

私はこの本を書くために30冊ほどの参考図書に目を通しました。話し方の本、アメリカ式のスピーチの本、物事を1分間で片付ける本、スピーチに役立つ心理学の本とジャンルはさまざまです。

これらの知識を踏まえて、（書店で立ち読みしている方も含め）今このページを読んでいるあなたに、たったひとつだけお伝えしたいことがあるとしたら、

それは……

「。」の聞こえるスピーチを！

ということになると思います。

「。」には音がないので、それが聞こえるスピーチとは変なことを言うな、と思う方もいらっしゃるでしょう。

しかし、「。」は文の区切りの「間」です。これが聞こえないということは、区切りがはっきりしない話し方、あるいは、文の語尾が消え入るようになってしまい、どこで終わったかわからないような話し方をしているということ。このようなスピーチは、聞き手を疲れさせるだけでなく、結局何を言いたいのか伝わりません。あなたもそんなスピーチに遭遇したことが何度もあると思います。

「。」がくっきりと聞こえるような話し方をすると、自信にあふれ、主張の明確なスピーチになります。印象もいいし、伝えたいことがしっかり聞き手の心に残ります。

あのオバマ大統領は、「間」の取り方が絶妙です。自分の言葉が聞き手の心に染み込む時間を与えながら、自信に満ちたスピーチをしています。

というわけで、お伝えしたいことをひとつに絞るとするなら、「。」の聞こえるようなメリハリのあるスピーチを心がけよう！ということになるのです。

ついでに、もうひとつ。

5分のスピーチでも30分のスピーチでも、**「これだけはどうしても伝えたい!」ということを10秒で言えるように、あらかじめ準備しておきましょう。**たったの10秒です。これが、いわばスピーチの肝になります。

肝のないスピーチは、話すほうも聞くほうも所詮は時間のムダ。時間資源の大いなる無駄遣いです。なので、話の肝は10秒で言えるようにしておきましょう。とっさにあがって何も言えなくなったら、この肝の部分だけでも堂々と話してください。

というわけで、本書の場合、肝の部分をたった10秒で言い切るとすれば、それは

みなさん、「。」の聞こえるようなメリハリのあるスピーチをしましょう!

ということになるのです。

よく、時間がないときの手紙は長くなる、と言います。書き出す前に要点を整理して、順序よく書くことができないために、だらだらと長くなりやすいということです。話すときも同じこと。**しっかり準備をし、頭を整理して臨んだスピーチは簡潔で印象深いものとなります。**あれもこれも言おうとして言葉を費やす必要はありません。

「即興のスピーチをするためには1週間の準備が必要だ」というジョークを言ったアメリカ人がいます。1週間も準備したら、もはや即興スピーチではないではないか、というのが「つっこみ所」です。

本書では、**すっきりしたスピーチをするにはどんな準備が必要か**をわかりやすく解説していきます。また、**名句やことわざを用いて効果を上げる方法や、そのための選りすぐりの素材**も提供したいと思います。

話す側にとっても聞く側にとっても、時間は貴重な資源です。この資源の価値を最大に高めるような話し方のコツをマスターしましょう。本書はいわば大人のための参考書です。

2009年11月

晴山陽一

第3章 10の「伝える」技術

第4章
あがらない工夫――実はあがってかまわない！

第5章
「1分間」を見直す――なりゆき任せからの脱却

第6章 アメリカ流スピーチ術の秘密——名手ケネディも実はスピーチ下手だった!

第7章

名句を使ったスピーチ実例集

第1章　スピーチは人生の転機になる！

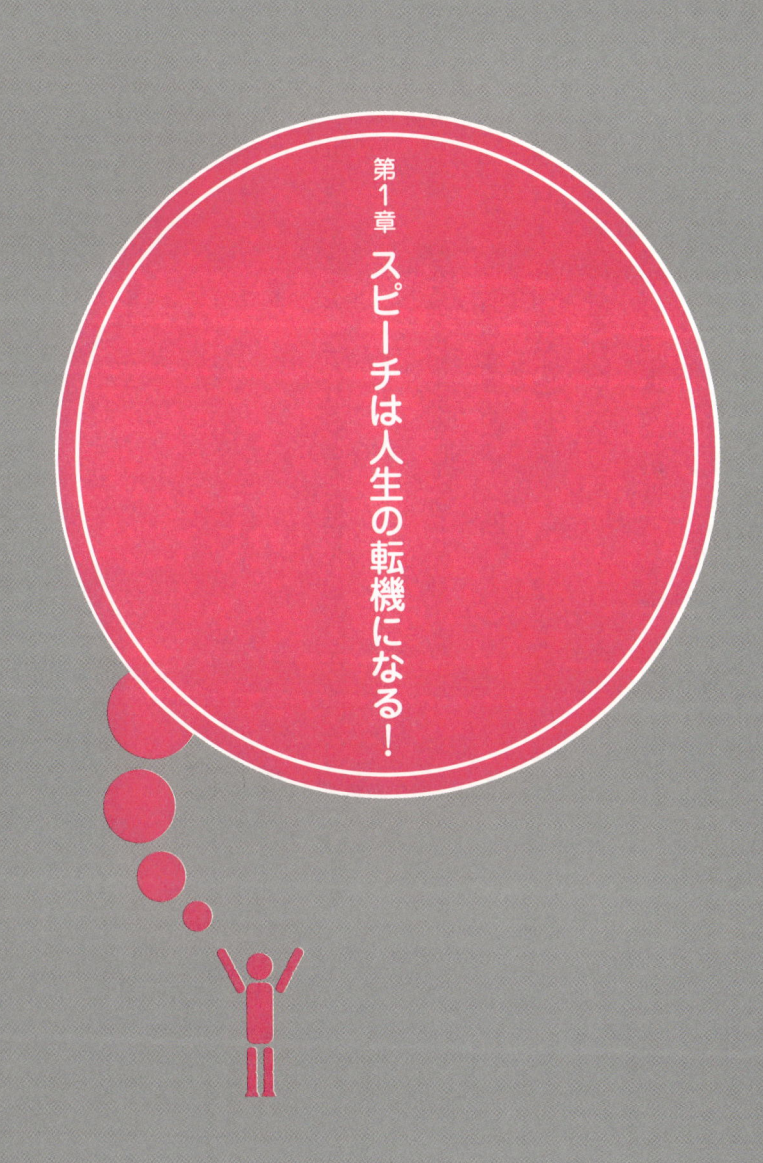

最初に、著者からのお約束

私はこの本で、こんなことをお伝えしていきたいと思っています。

1. 五感に訴えるスピーチをしよう。（17ページ）
2. 「つかみ」に凝りすぎるな！（25ページ）
3. スピーチは「言葉のプレゼント」。（32ページ）
4. スピーチの基本は（1人相手の）トークである。（41ページ）
5. 「話し方」より「伝え方」のほうが大事。（50ページ）
6. 伝えたいことがあれば子供でも立派なスピーチができる。（58ページ）

7 肩の力を完全に抜いて歩こう。（67ページ）
8 あえてスピーチ原稿は作らない。（72ページ）
9 言葉の「間接ワザ」を使え！（92ページ）
10 ストーリーは人を動かす。（101ページ）
11 少しあがるくらいでちょうどいい。（114ページ）
12 自分のことより聞き手のことを考えよう。（119ページ）
13 「笑い」は人生のツボを刺激する。（130ページ）
14 あがってしまったらあがっている自分を実況中継しよう。（132ページ）
15 「1分間」というのは、時計で測らなくても感覚でわかる長さ。（140ページ）
16 人は2分を越えると飽き始める。（142ページ）
17 「1分間スピーチ」は「1分に感じられるスピーチ」のこと。（144ページ）
18 結論はいちばん先に言おう。（167ページ）
19 オバマがマケインに勝った「1分間」。（172ページ）

⑳I think X, because Y. For example Z. の公式。（177ページ）
㉑「because」の言える人になろう。（180ページ）
㉒固有名詞にはパワーがある。（194ページ）
㉓名句を使うのも「プレゼントの精神」の表れ。（195ページ）

ここで、最初にひとつお約束したいことがあります。それは、この本のすべてのセクションを、あたかもスピーチ原稿のように書いていく、ということです。さらに私が自分に課した場合のルールは、「**まず見えるように、それから聞こえるように、さらに感じられるように書く**」というものです。

では、さっそく最初の話をしましょう。テーマは、今まさにお話ししたことに関係しています。すなわち、人に話をするときには、「見えるように、聞こえるように、感じられるように話すとよい」というのがテーマです。

では、私のスピーチを聞くつもりでお読みください。

【見えるように、聞こえるように、感じられるように話す――五感に訴える例】

あなたは五感のうち、自分はどの感覚がいちばん鋭いと思いますか。

ここで、ちょっと簡単な実験をしてみましょう。これからしばらくの間、夏の海水浴場を思い浮かべてください。自分が実際に行ったことのある海辺の景色です。まるで自分が今そこにいるかのように思い出してください。

（少し間）

どうですか？　思い浮かべることができましたか？　さあ、そのとき、あなたはどの感覚をいちばん強く使って思い出していたでしょうか。

視覚型の人は、はるかかなたの水平線や、寄せてくる波しぶきなどを思い出していたと思います。聴覚型の人は、波のくだける音や海水浴客のさんざめく歓声を思い出していたかもしれません。味覚や嗅覚の強い人は、海辺で食べた焼きとうもろこしの香ばしい味や、磯のにおいを思い出していたかもしれませんね。あるいは、体感覚の強い人は、海に飛び込んだ時の水の感触を思い出していたかもしれません。

どの感覚の余韻をいちばん強烈に思い出していたかによって、その人のいちばん鋭い感覚、心理学の用語で「優位感覚」と言いますが、それが何なのかがわかってきます。あなたの場合はどうでしたか？

五感をおおざっぱに分けると、視覚、聴覚、そして「その他」の3つに分けることができます。3番目の「その他」には、味覚、嗅覚、触覚を含み、これらを総称して「体感覚」（あるいは全身感覚）と言うこともあります。

さて、大勢の人に話をするときには、聞く人によって優位感覚が異なる、と考えるのが自然です。視覚優位の人もいれば聴覚優位の人もいるはずです。そこで、意識的に複数の感覚に訴える話し方をすると、聴衆全体に満遍なくアピールすることができるのです。

まず始めに話の道筋を目に見えるように提示する。これは、視覚優位の人に効果があります。次に言葉を使ってわかりやすく説明していく。これは、聴覚優位の人向けですね。同じ説明をするのでも、比喩を使って目に見えるように説明すると視覚優位の人にも伝わりやすくなります。最後に、具体的な実例を使って肌で感じ取れるようにする。これは、体感覚優位の人に有効です。こんなふうに、複数の感覚に訴えるつもりでスピーチの構成を考えてみてはいかがでしょうか。「次は聴覚に訴えよう」とか、「次は実感が湧くようなエピソードを紹介しよう」などと戦略を練ると、ぐっと話の展開を考えやすくなると思います。

あなたもぜひ試してみてくださいね。

聴覚だけに頼って話すと起きること

いかがでしょう。わかりやすいスピーチだったでしょうか。

このスピーチ原稿は、五感がテーマになっているので、自然と複数の感覚にアピールする内容になっています。「優位感覚」といっても、ひとつの感覚だけが突出している人は少ないので、夏の海辺を思い浮かべたとき、きらきら光る海岸線も、磯のにおいも、水に潜るときの感触も同時に思い出した、という人もいらっしゃったことでしょう。

さて、「複数の感覚に訴える」というテクニックを知らないと、どういうことが起きるでしょう。次にお見せするのは、先ほどと同じ話を、聴覚一辺倒の話法でスタートしている例です。あなたもきっとこのようなスピーチを、よく耳にしていると思います。

【聴覚一辺倒の話し方をしている例】

アメリカの心理学の用語で「優位感覚」という言葉があります。人間は、見る、聞く、味わう、嗅ぐ、触れるという五つの感覚を持っていますが、人により、どの感覚が強いかが違います。自分は視覚が強い、自分は聴覚が鋭敏だ、などと人によって感覚の強度が違うのです。視覚が強い人は、視覚が「優位感覚」である、ということになります。

ある本に「優れた話し手は相手の五感を刺激するような話し方をする」と書かれていました。単なる言葉や理屈を並べても、なかなか思うことが相手に伝わるものではありません。そこで、相手の五感に訴える話し方を工夫する必要が生じるわけです。

これは、聴覚を優先させた典型的な話し方で、頭のいい人が好むスピーチ法でもあります。言葉を駆使し、言葉で相手の理解を求めますが、視覚や体感覚を伴わないために、「いまいち話が見えてこない」、「ピンとこない・実感が湧かない」という結果になりかねません。

残念なことに、学校の教室で行なわれている授業は、この聴覚優先の説明が多いようです。英文法の授業などがその最たるものだと思います。まさに、言葉による言葉の説明に終始するわけです。視覚型、体感覚型の生徒は地獄の責めを負うことになります。

私が聞いた最悪のスピーチ

では次に、私がこれまでに聞いた最悪のスピーチという話題に移ります。

「うまいスピーチ」とは何かを考える下準備として、「うまくないスピーチ」の実例を見ておくことは、きっと役に立つと思うからです。

ある市が主催した成人式での祝辞。壇上に上がったスピーカーは、大きな紙を広げて、会場を埋める若者に「皆さん、これの意味わかりますか?」と問いかけました。紙には大きく「KY」と書かれていました。会場に広がる冷ややかな反応に気づくこともなく、壇上のスピーカーは続けます。「これは〝空気が読めない〟と読むんですよ、知ってましたか?」。

若者たちに何を話すか懸命に考えて、紙まで用意してきた努力はわかりますが、なんといってもネタが古すぎました。いちばん空気が読めていないのは自分のほうだったんですね。

ある中学の卒業式では、校長先生の祝辞に驚きました。開口一番、その先生は、「皆さんは、これから高校へ行って、いろいろなことにチャレンジすることでしょう。人間は、努力すれば必ず失敗します!」と言ったのです。本気で、そう言ったのです。私は思わず「そんなことはないでしょう!」と声を上げそうになりました。

懸命に努力をしても失敗することはあるでしょう(先の成人式のスピーカーのように)。しかし、「努力すれば必ず失敗します!」というのは言い過ぎではないでしょうか。これが、これから新しい生活に踏み出す若者たちに送る言葉でしょうか。

このような最悪のスピーチに共通するのは、「何を話すか」を考えすぎて、「聞き手は何を聞きたがっているか」という視点をどこかに置き忘れてしまった、ということではないでしょうか。話し手の思考の堂々めぐりが、そのまま壇上に上がってしまった例です。

もうひとつ、印象が悪いのは、社会的な地位の高い人が、「偉い人ほど長いスピーチをしなくてはならない（→する権利がある）」と信じている場合です。乾杯の音頭を頼まれた人が、みんなにグラスを持たせたまま20分も話し続ける、というのもよく見る図ですね。これでは極上のシャンパンの気も抜けてしまいます。

「つかみ」に凝りすぎるな！

成人式のスピーカーも、卒業式の校長先生も、開口一番の「つかみ」の部分でつまずいています。よく、聴衆の関心を集めようとして「つかみ」に凝りすぎたり、ジョークですべってしまう人を見かけます。しかし、スピーチは中身あってのもの。下手な「つかみ」で注目を集めようとするより、「これからこんな話をしたいと思います」と、中身につながる前置きで始めたほうが、よほどシンプルで、聞き手の耳にもすんなり入ります。

これは、私のような物書きの場合も同様です。多くの書き手は、イントロの部分で読者の関心を引き付けようと躍起になります。序文がうまく書けずに、いつまでたっても本文を書き出すことができない作家もいます。

しかし、本文あっての序文なのですから、序文は本文を書き終わったあとのほうが書きやすいに決まっています。つまり、序文というのはどこに道案内するかを示すものなので、肝心の「どこ」が明確になる前に道案内はできないのです。

というわけで、開口一番の「つかみ」や名文句を考えるのは、スピーチの中身が固まったあとにしましょう。

私は、大学で講演したときに、「**世の中には、いつまでたっても序文ばかり書いているような人がたくさんいます**」と学生たちに語りかけました。あとで感想を聞くと、「私も序文ばかりの人生でした!」と気づいてくれる学生が数多くいました。

聞き手が眠くなる「うまくないスピーチ」の5つの特徴

オバマ大統領の就任演説のテレビ中継で同時通訳を担当した鶴田知佳子さんが、「聞き手が眠くなるスピーチ」の特徴を5つ挙げておられます（『**オバマ流世界一のスピーチの創りかた**』マガジンハウス刊）。

これを足がかりにして、「うまくないスピーチ」の特徴を明らかにしたのち、「うまいスピーチ」とはどういうものか、考えていきたいと思います。

まずは「うまくないスピーチ」の5つの特徴です。

①何を話しているかが聞こえない

（とにかく声が小さすぎる）

②〝間〟抜けなスピーチ

（聞き手が理解するための「間」を与えない）

③話の重点がわからない

（内容の整理ができていなくて、原稿を棒読みするだけ）

④結論を提示するタイミングが悪い

（結論を最後に置くという日本式のスピーチ）

⑤総花的になりすぎる

（あれもこれもと欲張りすぎ、全体がぼやけてしまう）

これをわかりやすく、料理で人をもてなす場合に置き換えて考えてみましょう。

①の「**何を話しているかが聞こえない**」は、

とにかく用意した料理が少なすぎる場合。あるいは味が薄すぎる場合。これではお客を満足させることはできません。

②の「**〝間〟抜けなスピーチ**」は、

次から次に料理が出てきて、落ち着いて味わう暇を与えない場合。料理を出すタイミングが悪いのですね。

③の「**話の重点がわからない**」は、

メインの料理が結局、どれかわからない場合。メイン・ディッシュを「今か今か」と期待している客は、肩透かしにあった気分になるでしょう。

④の「**結論を提示するタイミングが悪い**」は、

大量の前菜で満腹させたあとにメイン・ディッシュを出す場合。これではもう食べるだけで精一杯になっています。

⑤の「**総花的になりすぎる**」は、

和食あり中華あり、イタリアンありフレンチありと、まとまりのないディナーにたとえることができます。

では、このような話し手（あるいはもてなし手）には、そもそも何が欠けているのでしょう。私は端的に、「相手の立場に立って考える柔軟さ」が足りないのだと思います。つまり、聞く人や食べる人に対する思いやりがない、ということです。

そうとわかれば、**うまい演説をするポイント（人をもてなすポイント）は明らかです。それは、相手の立場に立って考えられる、ということだと思います。**

スピーチは言葉を使った「おもてなし」なのです。

本章の最初にお話しした**「複数の感覚に訴える」というのも、いろいろなタイプの相手に満遍なく伝えようと思うからです。つまり、聞き手本位に考えるからそう**

なるのです。

スピーチは「言葉のプレゼント」なのです。少しでもおいしい料理を食べてもらうのと同じで、少しでも心に残る話をプレゼントする。では、そのためにはどんな話し方をしたらいいのか、がこの本の中心テーマというわけなのです。

聞き手が眠くなるスピーチ5つの特徴

話が聞こえない
声が小さすぎる

結論を話すタイミングが悪い
最後まで聞かないとわからない

間抜け
「間」を与えない

総花的
あれもこれもと
欲張りすぎ

話の重点がわからない
整理されていない原稿を棒読み

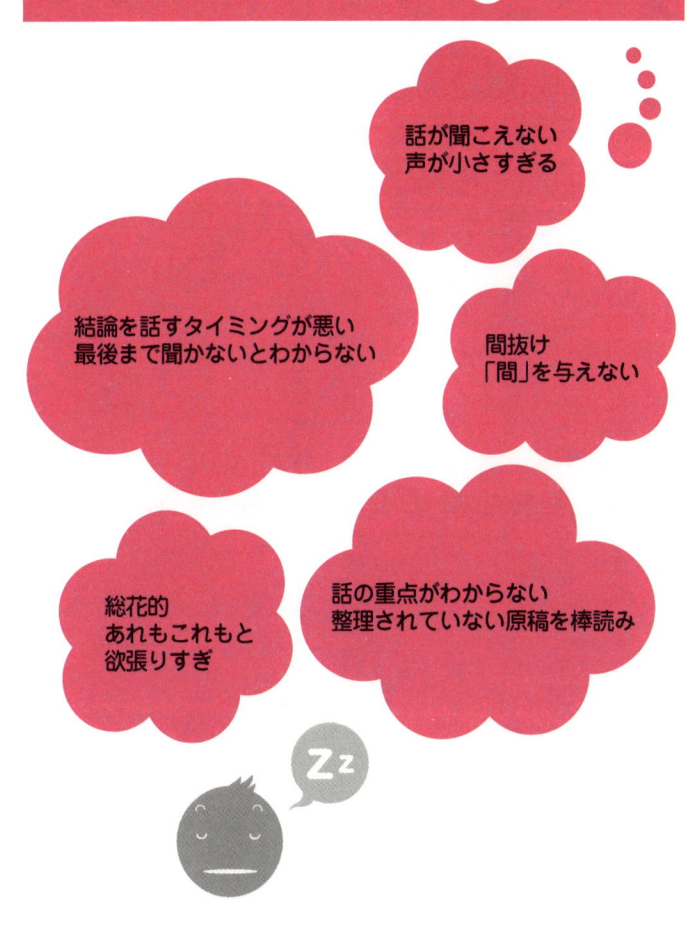

「起点」と「着地点」がうまい女子高生の手紙の例

次にお見せするのは、アメリカの女子高校生が、お父さんにあてて書いた、きわめて巧妙な手紙です。いかにお父さんの気持ちに配慮した文章か、とくと味わってください。

「お父さん、新しい学校では、とてもうまくやっているので、どうかご安心ください。いい友達にたくさんめぐり会うことができたし、先生たちもとても親切です。おまけに、みんなのあこがれの的の男の子と、あっという間に意気投合して、いつでも彼と一緒です。実は、もうお腹の中に彼の赤ちゃんがいるの！

――というのは全部ウソで、物理と数学で赤点取りました！」

これはすごく巧妙な手紙です。のっけから、「お父さん、どうか怒らないでください。よりによって最初の学期から赤点を取ってしまいました！」と書いたら、どんなに心優しいお父さんでも気分を害することでしょう。

ウソも方便のことわざ通り、でっちあげの話でお父さんをびっくりさせたあとで、「それに比べたら赤点くらい、何でもないでしょ？」と、キュートに話を着地させています。

この女の子は、話には「起点」と「着地点」がある、ということをよく知っていたようです。

これは手紙の例ですが、スピーチも同じこと。起点と着地点あってのスピーチです。このことを知っていると、ピンチのときにも機転をきかすことが可能になります。

一世紀も昔のことですが、米国の大統領選で歴史に残る大敗を喫した現役大統領のタフトは、詰め掛けた支持者に向かって、こう言い放ったそうです。

「かつて、このような大量票で、〝前大統領〟に選ばれた候補者はひとりもいなかったのであります！」

見事な逆転の発想です。彼がこのような機転を働かせたのは、支持者たちの熱意に応えたい一心からだったと思います。

このように、スピーチは「(聞いてくれる相手に対する) 思いやりの心」を学ぶ一大チャンスなのです。

よく、壇上であがってしまう人がいますが、これは自分のことばかり考えていることが大きな要因です。本当に聞き手のことを考え、聞き手を喜ばそうと思い、そのために周到な準備をしてきた人は、「さあ、私のプレゼントをお楽しみください」と嬉々として壇上に向かうはずです。**スピーチの際あがってしまう人は、自分の体裁ばかり気にして、相手を楽しませる準備を何もしてこなかった人に多いのです。**

もちろんスピーチは苦手、という人はたくさんいます（特に日本には）。ですが、苦手意識を持ったまま逃げ回っていると、一生そのままです。苦手とわかっていても、少しずつ改善していく、そこに人生の妙味があるのではないでしょうか。

はっきり言って、うますぎるスピーチよりは下手なスピーチのほうが、嫌みがなくていいくらいなのです。うまいことを鼻にかけたスピーチほど嫌みなものはありません。

さあ、スピーチを頼まれたら、これは「思いやりの心」を学ぶ一大チャンスなのだと考えて、快く引き受けましょう。どんなスピーチが喜ばれるかについては、これから順にお話ししていきたいと思います。

この章では、

1．著者からのお約束

2. 五感に訴えるスピーチを!
3. 最悪のスピーチに学ぶ
4. 「つかみ」に凝りすぎるな!
5. 「うまくないスピーチ」の特徴
6. スピーチは「思いやりの心」を学ぶチャンス

という6つのお話をさせていただきました。この章を閉じるにあたり、次の言葉を繰り返させていただきます。

スピーチは「言葉のプレゼント」なのです。

どうせなら素敵なプレゼントを用意したいものです。

次の章では、「スピーチの基本はトーク」というお話をさせていただきます。ここまで読んでくださり、ありがとうございました。コーヒーでもいれて一服してください。

第2章

「スピーチ」は、「話し方」より「伝え方」

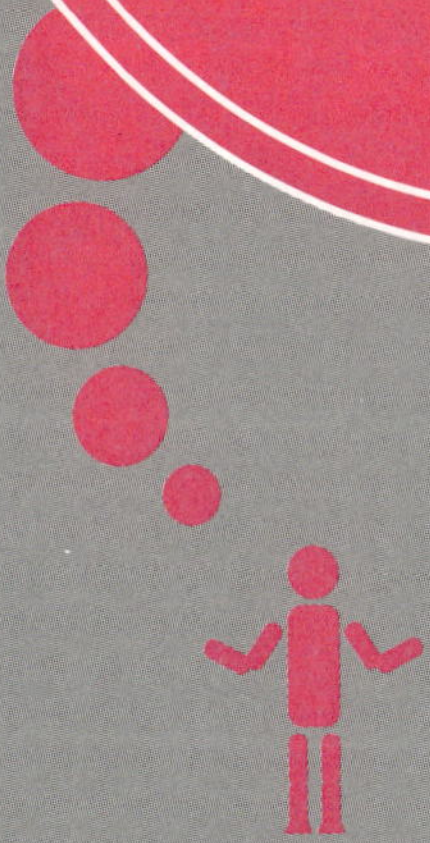

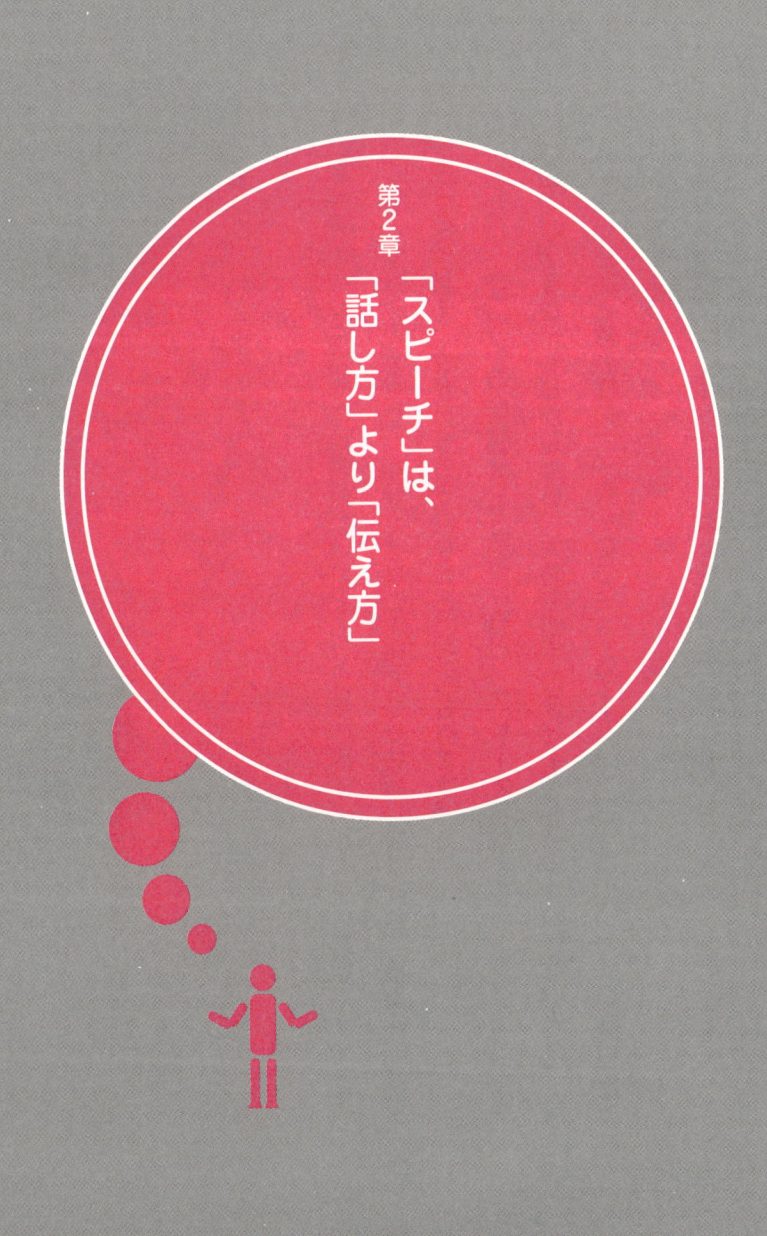

聞く相手が「100人」も「1人」も同じこと

「相手が1人なら話すのは得意だけれども、大勢に話すスピーチは苦手です」と言う人がいます。たしかに、相手が大勢だと誰でも気後れしますよね。檀上にのぼるだけで足が震え、喉がカラカラになるという人もいます。

しかし、**「一対一の会話ならできるけれど、スピーチは苦手」というのは、本当なのでしょうか。もしかしたら、大勢を相手のスピーチがうまくいかない人は、本人の思い込みとは裏腹に、一対一のコミュニケーションもうまくいっていないのではないでしょうか。**

第1章でも書いたように、スピーチは「思いやりの心」を学ぶ、またとないチャンスなのです。相手が1人でも100人でも、「聞き手のことを考えて話す」という点は、実はまったく変わりません。相手が1人なら聞き手のことを考えられるけれど、相手が多くなるとそれができなくなる、というのは詭弁ではないでしょうか。

そう考えると、**「スピーチの基本は（1人を相手にした）トークである」**ということが、ご理解いただけると思います。

2009年7月に、私は東京国際ブックフェアで2日連続の講演をしました。1日目に登壇するときは、さすがにちょっと緊張しましたが、聴衆の1人が私の姿を見てにっこり笑っているのを見た瞬間に、とても気持ちが楽になりました。とりあえず、この人の記憶に残るような話をしよう、と心が決まったからです。

このように、たった1人でも自分の話を聞いてくれる人を見つけると、スピーチは格段にやりやすくなります。

スピーチを始める前に、会場を見渡し、いちばん熱心にこちらを見ている人を探

すとよいでしょう。必ず1人は見つかります。そういう人を見つけたら、しめたもの。あとは、その人に向けて心をこめて話を始めます。

余裕が出てきたら、さらに会場を見渡し、熱心に耳を傾けている人を1人、また1人と増やしていけばいいのです。聴衆を少しずつ味方に引き入れていく感じです。

スピーチに慣れた人は、話を始める前に、中央の1人、左サイドの1人、右サイドの1人と、計3人の熱心な聞き手を瞬時に見つけ出してしまうそうです。そうすると、会場全体に目を配りながらスピーチしているように見えるからです。

つまり、100人を相手にしたスピーチも、実は一人ひとりとの対話から成り立っている、ということなんですね。100人用の特別な話し方があるわけではないのです。500人でも1000人でも、この点は変わりません。

一体感を演出する

スピーチの滑り出しのところで、私がよく使うテクニックがあります。それは、会場との一体感を演出するために、何かちょっとしたイベントを行なう、というものです。

たとえば、ブックフェアで講演をしたときは、その前日に出来上がったばかりのピカピカの新著を持って行きました。そして、「これが今年9冊目の本で、91冊目の著書になります！」と言って会場を沸かせたあと、「せっかく出来立ての本を持ってきたので、この中の1人の方にプレゼントしたいと思います」と告げました。

会場の人々は、これだけの人数を相手に、どうやってプレゼントの相手を選ぶのだろう、と興味を持ってこちらを見つめています。

そこで、「今日は7月11日ですよね。誕生日が今日にいちばん近い方に、この本を差し上げましょう！」と言うと、後ろのほうで、若い女性の「ぅひゃーーッ！」という、なんとも言えない叫び声が上がるのが聞こえました。「どうされましたか？」と聞くと、彼女は震える声で、「あの、今日、た、誕生日なんです！」と言うのです。私が彼女に本を渡す間、会場からは自然に暖かい拍手が沸き起こりました。

私は、こんなふうにスピーチの冒頭で、なるべく会場との一体感を演出するように心がけています。

この小さなハプニングの演出は、著書のない人でも、いくらでも応用は可能です。自分の会社のちょっとした製品を持って行ってもいいし、その日のテーマにふさわしい本、ぜひ読んでもらいたいオススメの本を持って行って、誰かにプレゼントしてもいいでしょう。

話の途中で、ちょっとした質問をして、答えられた人に図書券をあげる、というやり方もあります。「突然ですが、これからひとつ質問をしますね。答えられた方にはこの図書券をさしあげたいと思います」と予告してからやります。聴衆が疲れ始めた頃にやると、効果は抜群です。一気に会場が盛り上がり、あなたの株もあがります。聴衆が、お互いの存在に気づくという点でも、非常に効果があります。たった500円の投資で、はかりしれない効果が生まれます。**聴衆を味方につけると、スピーチはどんどんやりやすくなります。**

これは、前章で、スピーチは「言葉のプレゼント」です、と言ったことの応用なのです。聞きに来た人にプレゼントをするという心意気が大切なのです。誰がこのプレゼントを受け取るだろう、と思うだけでワクワクします。ぜひ試してください。

言葉による一体感の演出

この〝一体感の演出〟は、特別なプレゼントを用意していない場合でも、実は言葉を使って代用することができるんです。

演台に立ったら、開口一番、「おはようございます」「こんにちは」などと、元気よく挨拶してみてください。聞いている人は、思わず「おはようございます」などと応答してしまいます。声に出さなくても、心の中で応答するのです。これだけでも、挨拶なしに「えー、本日は……」などと始めるよりも、はるかに効果があります。

聞いている人は、「あ、この人は私たちと心を通じ合おうとしているんだな」と直感的に感じ取るのです。

また、スピーチの冒頭で、今日の演題を説明するときに、**質問から始める**のも効果があります。100人いたとしても、質問に対して答えを考えるのは一人ひとりなので、ここに目に見えない「一対一の関係」が生まれるのです。

第1章の冒頭でお見せした私のスピーチ原稿でも、聴衆への質問が何度も繰り返されていたのを、覚えていますか？　こんな具合でした。

「あなたは五感のうち、自分はどの感覚がいちばん鋭いと思いますか」

「どうですか？　思い浮かべることができましたか？　さあ、そのとき、あなたはどの感覚をいちばん強く使って思い出していたでしょうか」

「どの感覚の余韻をいちばん強烈に思い出していたかによって、その人のいちばん鋭い感覚、心理学の用語で『優位感覚』といいますが、それが何なのかがわかってきます。あなたの場合はどうでしたか？」

こんなふうに、質問しながら話を進めるのは、聴衆との一体感を生む優れた方法なのです。ただし、**ここで大事なのは、聞く人が答えを考える「間」を十分与えること。質問をしておいて、考える間もなく話を進めると、かえって聞き手への配慮に欠けるスピーカーだと思われてしまいます。**

質問だけではありません。折に触れて、確認するのもよい方法です。上司が部下に説明をする場合なら、「ここまで、いいですか?」とか、「ここまでの話、大丈夫ですよね?」と確認しながら話を進めていくのです。一般のスピーチでも同じです。確認されるごとに、聞き手は頭の整理をして、次の話を聞く心の準備をすることができます。英語では、Do you follow me? (話についてきていますか?) という質問の仕方になります。

話を終えるときは、「今日は○○についてお話をしました」と締めるのがいいでしょう。多少スピーチがうまくいかなかった場合も、この締めのひとことで、なぜか印象がぐんとよくなるのです。終わりよければなんとやら……というやつですね。

聞き手との一体感を演出する方法

聴衆を味方につけると、スピーチはどんどんやりやすくなります。

誕生日が今日にいちばん近い方に、
ぼくの一番新しい本を差し上げましょう!
うひゃーーッ!
自分の会社の
ちょっとした製品、
その日のテーマに
ふさわしい本、
ぜひ読んでもらい
たいオススメの本
などなど

または、スピーチの前に

おはようございます!

のひとことも効果的

「話し方」より「伝え方」

　私は、この本を書くために30冊ほどの文献に目を通しましたが、「スピーチ術」の本には、大きく2つのタイプがあることがわかりました。
　ひとつ目は、「話し方」に焦点を当てた本、ふたつ目は「話し方」よりも「伝え方」に重点を置いた本です。とても大事なポイントなので、詳しく説明しましょう。
「話し方」にフォーカスした本は、声の出し方、話の構成の仕方、当たりさわりのない話題のヒント、間の取り方、オープニングや締めの方法などを詳しく扱います。
　それはそれで、とても役に立つ話なのですが、読めば読むほど、「こんなにたくさんのことを壇上で実行できるだろうか」と不安になってしまいます。覚えなくてはならないこと（注意しなくてはならないこと）が10も20もあるのです。読めば読むほど憂鬱になってしまいます。

これには、次のような原因が考えられます。

「話し方」の本を読むと、関心が自分にばかり向くようになるのです。その結果、「うまくできるだろうか、何かヘマをしないだろうか、どうせ完璧になんかできやしない、ああ何でこんなことを引き受けたんだろう！」というネガティブな気分になってしまうのです。

あなたも身に覚えはありませんか。「こうしなさい、ああしなさい」と言われ続けると、だんだん気分が落ち込んでくるのです。

スピーチをしたあとも、「あれができなかった、これをし忘れた！」と、減点主義で自己評価してしまいます。どうせ満点が取れるはずはないのですから、このようにマイナス思考で反省すると、どんどん落ち込んでしまいます。その結果、「もう二度とスピーチなんかするものか」とトラウマになってしまう人すらいるくらいです。

これに対し、「**伝え方**」の本は、根本からスタンスが違います。「自分がいかに話すか」という内側への関心よりも、「相手に何を伝えるか」という外側への関心に注意が向くからです。

何を話そうか（どんな話をプレゼントしようか）。
どんな順番で話せば、相手に伝わりやすくなるだろう。
この話を聞いて、相手にどんな影響を及ぼしたいか。
そもそも相手の関心はどんなところにあるのだろう。

こんな外向きの興味や関心に引かれてスピーチの準備をしていると、だんだん楽しくなってきます。先ほどの「話し方」ばかり気にする場合とは雲泥の違いです。

というわけで、スピーチを引き受けたときは、「どう話そう」と内向的にならず、「何を伝えよう」と外向的に知恵を絞るようにしてほしいのです。慣れないことをするのですから、悩ましいのは一緒です。しかし、内側に悩むのと、外側に悩むのでは、同じ悩むと言っても方向が正反対なのです。

自分の声は通りが悪いとか、生まれつきカツゼツが悪い、などと悩むヒマがあったら、「何を伝えよう、どう伝えよう」と話の中身のほうに注意を集中しましょう。

前にも言いましたが、うま過ぎるよりは、少し下手なほうがずっと印象はいいのです。いちばん大事なのは、《伝えたいことがあるかないか》その一点に尽きると思います。

伝えたいことがあれば、少しくらい声が小さくても聞いてもらえます。つっかえたって、舌をかんだって、言いよどんだって、ノープロブレム！　それでも、伝えたいことのないスピーチより100倍もマシなのです。

「伝える」スピーチの第一歩は自己紹介

「伝える」スピーチの第一歩は、いかに自己紹介をするかです。特に日本人は自己紹介が不得手なようです。

日本人同士なら「○○会社で営業をやっている××です」とか「△△会社で経理をやっている○○です」と言えば、お互いの自己紹介は成り立ってしまいます。しかし、英語圏では「どこに属しているか」よりも「そもそもどういう人間なのか」が重視されます。

以前、アメリカ人の女性に、「日本人の会話はつまらない。自分のことではなくて会社のことばかり話すから」と言われ、ハッとしたことがあります。

会社や組織を離れて、自分はどういう人間なのか、一度よく考えてみるといいかもしれませんね。


自分は何が好きな人間なのか。

自分は何をいちばん大事にしている人間なのか。etc.

そういえば、日本人同士は初対面でまず名刺の交換から始めます。まるで、自分は「○○会社で営業をやっている人間」「△△会社で経理をやっている人間」と自己規定しているようなものです。しかし、人間は名刺ではありません（笑）。

名刺を持っている本人はどういう個性の持ち主なのか、それが英語圏では問題にされます。したがって、名刺の交換はせいぜい別れ際に、「今後の連絡先を確認するため」になされるのが普通です。

こんなユーモラスな（英語の）名刺を見たことがあります。

真ん中に大きく「公認会計士」と書かれ、自分の名前が印刷されています。その下に小さく、見えないくらいの文字で会社名が書かれているのです。見事な発想の転換です。

「私は公認会計士の何々だ。今はこういう会社に勤めているけどね」というわけですね。あくまで自分主体なのです。

かく言う私は、職業柄、外国人と会うことが多いのですが、初対面の自己紹介では、こう言うことにしています。

「私は英語の使い方についての本を書くのに忙しすぎて、英語を使うヒマさえない人間です」と。すると、相手は、私が物書きで、英語がある程度話せて、英語で会話をしたがっていることを瞬時に理解し、笑顔で話しかけてくるのです。

ついでながら、私の父は英語の教師でしたが、アメリカからやってくる若い講師に、初対面の席で、こう言うのが常でした。「君は僕を尊敬しなくちゃだめだよ。なにしろ君が生まれた時にはもう英語を話していたんだからね」。すると、相手は大笑いして、「わかりました。あなたを尊敬します！」と答えるのでした。

あなたも、名刺の内容とは異なる自己紹介の方法を準備しておいてはいかがでしょう。それがスピーチでもそのまま使えます。

スピーチに年齢は関係ない！
12歳の子のスピーチ

先ほど、伝えたいことがあるスピーチは、伝えたいことのないスピーチより100倍もマシだ、と言いました。伝えたいこと、訴えたいことがあれば、12、13歳の子供でも立派なスピーチをします。実例をあげましょう。

私はこの本を書くために、YouTubeでいろいろな人のスピーチの生映像を数多く見ました。アップルの創業者、スティーブ・ジョブズがスタンフォード大学で行なった感動的なスピーチや、ニューヨーク州知事だったクオモ氏が1984年の民主党大会で行なった歴史的な名スピーチ、もちろんケネディやキング牧師やオバマのスピーチも堪能しました。しかし、私がいちばん心を動かされたのは、たった

12歳の少女が行なった7分ほどのスピーチだったのです。

大自然とのふれあいの中で育ったカナダ人の少女、セヴァン・カリス＝スズキは、9歳のときにECO（the Environmental Children's Organization）という環境学習グループを立ち上げました。彼女たちは、1992年の6月にブラジルのリオ・デ・ジャネイロで開催された国連の環境サミットに自費で参加し、ついにサミット会場で、「子供代表」としてスピーチを行なうチャンスを得ます。大急ぎで準備したスピーチは各国首脳に圧倒的な感動を与えました。次に引用するのは、彼女のスピーチの中の一節です。

【12歳のセヴァン・カリス＝スズキのスピーチ】

2日前ここブラジルで、私たちはストリートチルドレンと一緒に過ごし、ショックを受けました。これは、ひとりの子供が私たちに言った言葉です。「僕が金持ちだったらなぁ。もしそうだったら、ストリートチルドレンみんなに、食べ物と衣服と薬と住む所と、愛と思いやりをあげられるのに」。

そして、彼女はこう続けます。

何ひとつ持たない路上の子供が分かち合うことを考えているのに、何でも持っている私たちがこんなに欲張りなのはどうしてなのでしょう?

このスピーチを聞いた各国首脳の中には、その後『不都合な真実』を著し、ノーベル平和賞を受賞したアル・ゴア氏もいました。

このエピソードから、伝えたいことがあれば、12歳の子供でも世界を動かすような素晴らしいスピーチをすることができるのだ、ということがわかると思います。

さて、この章では、次のことをお伝えしてきました。

1. スピーチの基本は(1人相手の)トークである。
2. 一体感を演出するために本物のプレゼントを用意する方法もある。
(聴衆を味方につけてしまえば怖いものなし)
3. 言葉を使って一体感を演出することもできる。
4. 「話し方」より「伝え方」のほうが大事。
5. ユニークな自己紹介を工夫しよう。
6. 伝えたいことがあれば子供でも立派なスピーチができる。

私自身、「伝えたい」という一心で、この文章を書いています。私の言葉、あなたの心に届いているでしょうか。Do you follow me?

なお、最後にお話ししたセヴァンさんのスピーチは、YouTubeで"Severn

Suzuki》で検索すれば、簡単に生映像を見ることができます。絶対にお勧めです。「子供でもここまで堂々とスピーチできるのか」と大きな勇気をもらうことができます。また、『**あなたが世界を変える日**』(セヴァン・カリス=スズキ著　学陽書房刊)という本に、このスピーチの全訳と原文が収められています。

次の章では、実際のスピーチでいかに「伝えるか」という、技術面のお話をしたいと思います。より具体的なノウハウをいろいろお伝えするつもりです。どうかご期待ください。

第3章

10の「伝える」技術

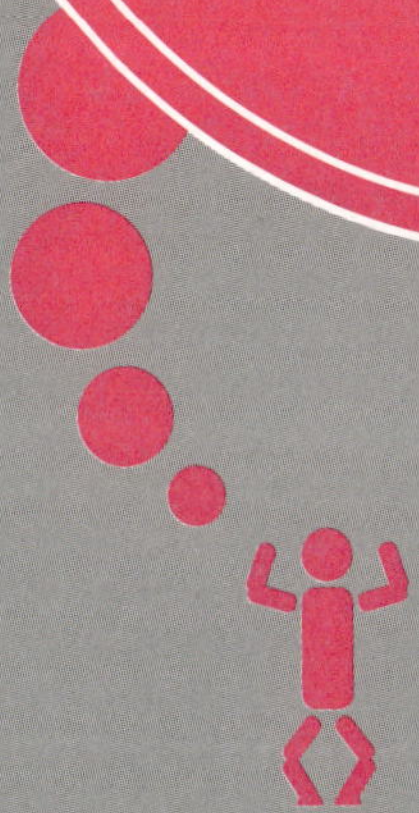

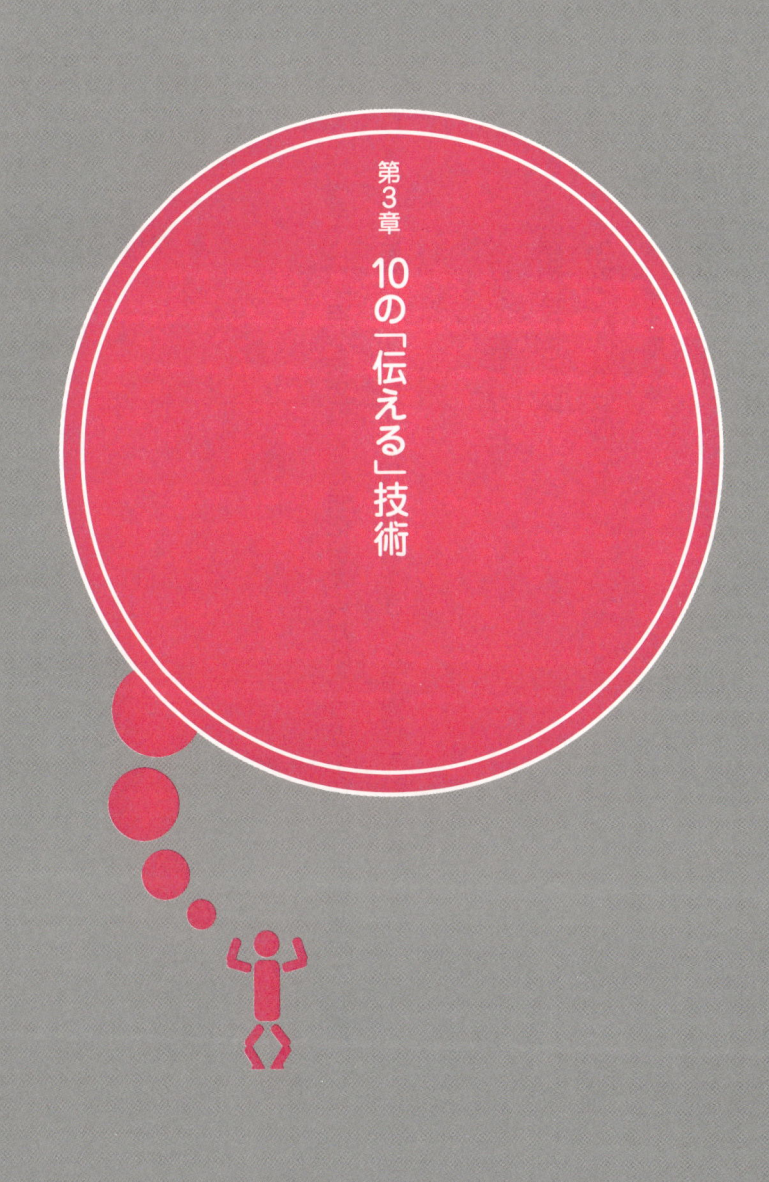

どうしたらうまく伝えられるか？

この章では、自分の思いを相手に伝えるためのコツを10項目にまとめてお話していきたいと思います。最初に10の技術をざっと予習しておきましょう。

1. スックと立ち、軽やかに歩く
2. あえて原稿は作らない
3. いちばん伝えたいのは何か？
4. 文は短く、間は長く
5. スピーチの目的をはっきりさせる

⑥何より大事なのは「構成」
⑦言葉の「間接ワザ」を使え!
⑧テーマを3段階で絞り込め
⑨ストーリーは人を動かす
⑩大は小を含む

では、第1のコツから順にご説明していきましょう。

第1の技術
スックと立ち、軽やかに歩く
相手は「聞く」前に「見ている」

スピーチをするためには、まず何をしなくてはならないでしょう。そう、壇上まで歩いていかなくてはなりません。ミミズのように這っていくわけにはいきません。歩いていくところから、あなたのスピーチは始まっているのです。

結婚式の祝辞などは、席についたままでもできますが、その場合でも立ち上がって、人々の視線を一身に浴びなくてはなりません。

スピーチは、「聞かれる」前にまず「見られる」ことを覚悟しなくてはなりません。

私がブックフェアで話したときも、よれよれの服で登壇するわけにもいかないので、ジャケットとズボンと靴を新調しました。聴衆はわざわざ遠くから時間をかけて聞きに来てくれるわけですから、身だしなみを整えるのは最低限のエチケットだと思います（もちろんいつも新調する必要はありませんが）。

服装は新調することができますが、中身の人間は買い替えるわけにはいきません。でも、普段のよれよれの心身状態で視線を浴びるのは避けたいですよね。そこで、いかに歩くか、いかに立つか、そこから自己チェックする必要が生まれます。

といって、「こう歩かなきゃ格好悪い」とか「こう立たないと見栄えがしない」などと、あまり細かいことまで気にしすぎると、肝心のスピーチがおろそかになりかねません。ここでは、最低限の注意点を指摘するにとどめたいと思います。

歩き方

まず、歩き方ですが、ひとつだけアドバイスしたいと思います。それは、肩の力を完全に抜く、という一点だけ。本当にこれだけで変わります。不思議とゆったりした気分で歩けるようになります。

普段、われわれは歩くときに、無意識に肩に相当力を入れて歩いているんです。しかし、肩に入った力を抜いて、ちょっとだけ胸を張って歩くだけで、まったく気分が変わります。これはいつでも練習できるので、通勤の途上や、買い物のときなどに試してください。肩の力を抜いて胸をちょっと張るだけで、なんだかスッスッと足が進むようになります。腕をゆっくり振り、その重さを味わいながら歩いてください。これで、軽やかに壇上にたどり着くことが可能になります。ミミズにはできない芸当です。肩の力を抜くと、ゆったり腕を振れるようになり、自信に満ちて見えます。たったひとつの注意点ですが、心からお勧めします。

立ち方

次は、立ち方。人前でスックと立つことができるだけで、あなたのスピーチの印象は格段によくなります。スックと立つ練習をしてください。これも、注意点はわずかです。

両手をぶらぶらさせないで、真横にスッとおろし、（男性なら）ちょうどズボンの縫い目のところに軽くあてがってください。この場合も力みは不要です。こんなふうに、両手を自然に下ろすだけでも気持ちが引き締まります。両手の重みを味わってください。

私は、原稿執筆の前に、この「気をつけ」の姿勢をとってから、パソコンに向かうようにしています。気持ちが引き締まり、未知の読者に対して「これから書かせていただきます！」と宣言するような気持ちになります。実は、原稿執筆もスピーチもあまり変わらないんですね。

もう一点だけアドバイスすると、**肩を1ミリ落とし（これまた肩の力を抜くため）、首を1ミリ上方に引き上げてください。**合計すると、肩と首の距離が2ミリ長くなる感じ。こうすると、ますます気持ちが引き締まり、といって必要以上に緊張することもありません。たった2ミリの違いが大きな差を生むのです。

まとめます。歩くときは、肩から力を抜く。立つときは、両腕を体の真横に下ろし、肩と首の距離を2ミリ伸ばす。たったこれだけです。普段から練習して、この歩き方と立ち方を習慣化するとよいでしょう。「腹を引っ込めて胸を張り、あごを引いて重心は……」などと、体のあちこちを気にしていたら、スピーチなどできるものではありません。

スピーチの効用は、実はこんなところにもあるんです。自分の立ち居振る舞いを見直して、ちょっとだけ直す。それだけであなたの印象はずいぶん変わります。

第1章のタイトルは「スピーチは人生の転機になる！」でしたが、歩き方や立ち方を見直すだけで、あなたの人生は確実によい方向に進み始めるのです。

スピーチは、本当に人生の転機になるんです。論より証拠、「話し方」系の本を読むと、著者が実はあがり症だったとか、吃音コンプレックスの持ち主だったたというケースがけっこう多いのです。彼らは、スピーチを引き受けることによって人生を好転させた先輩たちなのです。

スピーチは堂々とした人間になるための、またとないチャンスなのです。

第2の技術

あえて原稿は作らない

キーワード・メモのすすめ

ここで、スピーチ準備の最悪のパターンをご紹介しましょう。

まず、苦労して原稿を書きます。苦労して書くので、こねくりまわした読みにくい原稿が出来上がります（ここまでで、すでにだいぶ時間を浪費している！）。次はそれを丸暗記する番です。暗記しては、何度も練習します。しかし、スラスラ言えるはずはありませんから、何度も何度も失敗を重ねます。こうして迎えた本番でも、やはり見事に失敗します。つまり、時間をかけて失敗の練習を繰り返していただけ（笑）。

こんな最悪のスピーチ準備をする人が、実はけっこう多いのです。こうならないための予防策は、実は非常に簡単です。災いは元から絶つ。つまり、最初からスピーチ原稿など書かないのです。

原稿を書くと、間違いなく読むことに意識がいってしまい、心のこもったスピーチとはかけ離れたものになります。「伝わる」スピーチの真逆の結果になるのです。

なので、原稿は書かない。その代わり、構成（話の流れ）はしっかり考えます。そして、話の流れを忘れないために「キーワード・メモ」だけを用意します。

丸暗記もままならず、そうかと言って、「原稿を持ちながら棒読みするのは避けたい」と思うなら、キーワードだけを書いたメモを用意し、時々それに目をやりながら話す以外に方法はありません。丸暗記する必要がなくなるので、そのときに口から出る自然な言葉で話せばいいことになります。あくまで話し口調で（私の日ごろのモットーは、「**書いたように話すな、話すように書け！**」です）。

ちなみに、私は数多くのポッドキャスト番組に出演していますが、いつも用意するのはB5の紙1枚。キーワードを見ながら、自由に話を広げていきます。おそらく原稿を用意したら、棒読み口調になるだろうし、収録時に「ここはこう直したい」などと思い始めて、収拾がつかなくなることでしょう。紙1枚見ながら10分くらいの番組を収録します。

たとえば、第1章の冒頭でお見せしたスピーチ（17〜19ページ）の場合なら、私だったら次のようなメモを用意するでしょう。

夏の海水浴場
視覚型→聴覚型→味覚・嗅覚・触覚型の例
「優位感覚」というターム
五感を3つに分類
視覚→聴覚→体感覚の順にアピール

これだけのキーワード・メモを持てば、1、2分のスピーチができます。話の順序を忘れたときは、メモを見ればすぐに思い出します。スピーチへの慣れの程度によって、メモの詳しさは自分で調節すればいいでしょう。メモを細かく書きすぎると、やはりメモのほうが気になって肝心のスピーチがおろそかになる危険がありま す。あくまで話の内容に意識を集中させてください。絶対に言い忘れたくない文句は、赤で書き入れたりします。話の肝になるところです。

第3の技術
いちばん伝えたいのは何か?
10秒で言えるように

私が尊敬しているある出版社の局長さんは、ズバリとものを言う人です。ある時、「晴山さん、いちばん優れた英語の学習法は、いったい何なのですか?」と単刀直入に聞かれて、往生したことがあります。それ以来、「いちばん優れた学習法」を見つけることが私の課題になりました。

人はど真ん中の直球を無意識のうちに避け、二次的、三次的な問題を解決することで自己満足を覚えてしまう傾向があります。一種の自己逃避ですよね。

スピーチをするときも、自分がいちばん伝えたいことを、しっかり考えましょう。できれば、それを10秒で言えるくらいに純化し精錬して、反芻することをお勧めします。こうすれば、自信をもってスピーチの場に臨み、伝えたいことをきっぱりと言えるようになります。ますますスックと立てるようになります。

第1章のスピーチ例（17～19ページ）の場合、私がいちばん伝えたかったのは、単に「五感に訴える」ということではなく、真意は「聞き手本位に考える」ということだったのです。

こんな話があります。アメリカの13歳の少年が「人生でいちばん大事なことは何か?」という疑問を持ち、世界中の有名・無名の数千人に手紙で質問をしました。約2割ほどの人が彼の問いかけに応じて回答を送ってくれ、少年はついに『**人生でいちばん大事なこと**』（青山南訳、三修社刊）という本を出すに至りました。

この本の最初のページに印刷されているのは、イギリスの物理学者、スティーヴン・ホーキンス博士の次の言葉です。

――わたしが人生で学んだことは、
じぶんがいまもっている力をぜんぶ使えということです。――

いい言葉ですよね。しびれます。

あなたが行なうスピーチでも、いちばん伝えたいことを、心をこめて、力いっぱい発信してください。そのたった10秒のメッセージが、あなたのスピーチの価値を決めてくれるでしょう。

スピーチをするときは、全身を見られるだけでなく、あなたの人間性も見透かされてしまいます。頭の中を整理して、大事なことに集中したほうが、印象のよいスピーチができます。

第4の技術 文は短く、間は長く 接続詞をたくさん使わない

これは、スピーチでもトークでもそうなのですが、頭の中が雑然としていると、どうしても文が長くなり、そのくせ「間」がなくなってダラダラした話し方になってしまいます。「文は短く、間は長く」を心がけましょう。

文が短く、間が長いスピーチの典型例は、小泉元首相でした。「感動した！」「自民党をぶっこわす！」「改革なくして成長なし！」などとひとことで言い切り、十分な間を与えて聞き手の心に染み込ませる話術の名人でした。これに比べると、麻生元首相は語尾を延ばして聞く人に「間」を与えない、だらしない感じの話し方だったように思います。

文がダラダラする原因のひとつは、接続詞をたくさん使うことです。よく子供が、「それからね」を連発して話をしますが、それに似ただらしない印象を与えてしまいます。

ひとつ例を出しましょう。

同じ絵本を見ながら、3歳、5歳、9歳の子供がどんなふうに話をするかという比較です。(**『ことばの発達入門』**大修館書店刊)

3歳の子供は、こんなふうに話します。「このイヌ、ボウルの中を見てるの。それでね、ほら見て。それで、カエルはいなくなったの。……」

5歳の子供は、少し違います。「男の子とイヌが寝てたら、カエルがジャーからでちゃったの。そして、男の子とイヌは起きたの。カエルはいなくなったの。……」

9歳の子供になると、劇的に話し方が変わります。「ある時、男の子とペットのカエルとイヌがいました。ある晩、男の子はカエルをみていました。そして、男の子が寝ているうちに、カエルはジャーから出ていってしまいました。……」

9歳になると、客観的な状況から話し始め、文が一つひとつ完結して、論理的につながれていることがおわかりになるでしょう。それに比べると、3歳児は近視眼的で、とりあえず目に入った部分から始め、切れ目なくダラダラ話してしまいます。

大人でも、準備が不十分で、とっさにあがってしまうと、5歳児、いや3歳児の話し方に戻ってしまう場合があるのです。気をつけなくてはなりません。

その予防策としては、まず話の筋道を整理して、キーワード・メモを用意しておくのが大事ですが、実は接続詞を使わないで、文を一つひとつ区切り、間をあけて話すことも大事なポイントです。

話題を切り替えるときも、「ところで、こんなことを言った人がいます」と接続詞で始めるよりも、「こんなことを言った人がいます」と、ポーンと始めたほうがインパクトが増すのです。この唐突感が、聞き手に刺激を与えます。

歯切れのいいスピーチをしようと思ったら、接続詞を減らしましょう。

次のような言葉が、要注意です。「だから、それで、また、それから、ところで、さて　などなど」

普段から何でもスパッと言い切る練習をしておくと、接続詞の無駄遣いを減らすことができます。これも一種のクール・ビズです。

第5の技術
スピーチの目的をはっきりさせる

第5の技術は、第3、第4の技術と密接な関係があります。「いちばん伝えたいのは何か?」「文は短く、間は長く」の先に(あるいは前に)、スピーチの目的をはっきりさせる、というポイントがあるのです。

多くの人は「スピーチのテーマ」と「スピーチの目的」を混同しています。

スピーチのテーマとは、たとえば「五感に訴える」というようなもので、どういう話題を話すかという領域設定です。

これに対して、「その話で何を伝えるか」、あるいはもっと踏み込んで、「その話を聞いて相手にどうしてほしいか」がスピーチの目的なのです。

会社の上司が部下にする朝礼のようなスピーチがあります。毎日毎日、くどいほど訓話を垂れ続けるのに、部下は一向に動かない。次第に上司と部下の間に溝ができてしまう。こういう話をよく聞きます。上司にしてみれば、「これだけ話しているのに、なぜ動いてくれない？」となります。

しかし、部下たちは、「俺たちにどうしろと言うんだ。そこをもっとはっきり示してもらいたい。これでは動きたくても動けない。期限も設定してほしいし、使える予算も明示してほしい。ついでに責任の所在も明確にしてほしい」などと考えています。

このような行き違いの原因は、「部下にどうしてほしいのか」というポイントが欠落しているからなのです。つまり、テーマは決まっているのに、なぜその話をしているのかという目的がはっきりしていない、というわけですね。

もしかしたら、くどくど説明などせず、「私はみんなにこうしてほしいと思っています」とストレートに意思表示したほうが、よほど話は早いかもしれないのです。

一般にスピーチの目的は、次のように少なくとも7種類は考えられます。

①相手に理解を求める
②相手に賛同を求める
③相手の許可を求める
④相手の援助を求める
⑤相手を奮起させる
⑥相手を行動に駆り立てる
⑦相手の共感を求める（相手の心を動かす）

こうしてみると、けっこう「目的」って多岐にわたっているんですね。「相手に理解を求める」だけなのか、「相手の援助を求める」のかによって、スピーチのトーンはまったく変わるはず。単にテーマを決めただけでは、まったく不十分であることが、これでご理解いただけたと思います。

目的が決まれば、「いちばん伝えたいこと」の力点が定まります。

また、目的が決まれば、話は絞られ、無駄な接続詞を省くことができます。

というわけで、第5の技術は、第3、第4の技術と密接に関係しているのです。

冒頭でお話しした上司の場合は、「相手を奮起させる」または「相手を行動に駆り立てる」つもりだったのですが、部下たちからは単に「相手に理解を求める」程度にしか受け止められていなかったのですね。これでは、両者の間に溝が生まれるのは当然です。

第6の技術
何より大事なのは「構成」
骨太なスピーチをする

きちんとスピーチの構成を考えず、ひたすら「受けねらい」に走る人がいますが、感心しません。そういうことは、やはりプロの話し手にはかないません。

プロがどれくらいすごいか、ひとつ実例をご紹介しましょう。

よくあるグルメ番組でのひとこまです。レポーターがひとくち口をつけて、ほんの一瞬しかめっ面をするのをカメラは見逃しませんでした。視聴者が「この料理、本当はまずいんじゃないか？」と疑問に思ったその瞬間、レポーターの口から出た言葉は？

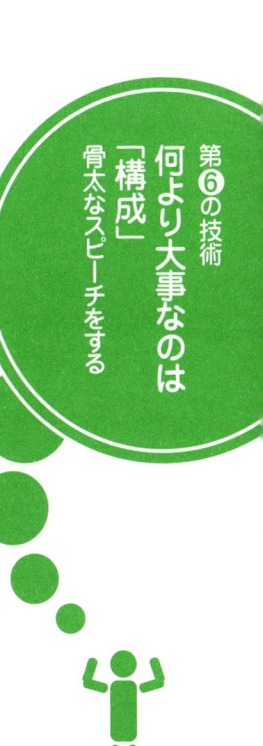

「これ、好きな人にはたまらん味でしょうなあ！」

一瞬の機転でこう言えるのがプロなんです。しかも、「受けねらい」なんかじゃない。だから、シロウト考えで「受け」をねらうくらいなら、スピーチ全体の構成をしっかり練り上げるほうがはるかにいいし、無駄な時間を使わなくてすみます。

おおざっぱに言いますと、1分間のスピーチなら、全体を10とすると、オープニング1、中身8、クロージング1くらいの割合で構成を考えるとうまくいきます。

オープニングは、「こんにちは」と軽い挨拶をして、「今日は、これこれについてお話しします」と予告します。1分間のスピーチなら、ここまでで10秒弱。次に本論に移り40秒ほど喋る。最後の10秒弱で、「今日はこれこれのお話をさせていただきました。ありがとうございました」で締める。これで、ちょうど1分となります。

この配分で、「五感に訴える」というスピーチを文字にすると、次のようになります。1分間という想定なので、本論はだいぶ短くしてあります。

【五感に訴えるスピーチ　1分間バージョン】

【オープニング】

こんにちは。（間）今日は、人に話すときは相手の五感に訴えるような話し方をしよう、という話題でお話をしたいと思います。

【本論】

人間は視覚、聴覚、味覚、嗅覚、触覚の「5つの感覚」を持っていると言われます。人によって、視覚の強い「視覚型」、聴覚が強い「聴覚型」など、どの感覚が鋭いかという違いがあります。

大勢の人に話をするときには、聞く人によって優位の感覚が異なる、と考えるのが自然です。そこで、意識的に複数の感覚に訴える話し方をすると、聴衆全体に満遍なくアピールすることができるのです。

まず始めに話の道筋を目に見えるように提示する。これは、視覚優位の人に効果があります。次に言葉を使ってわかりやすく説明していく。これは、聴覚優位の人向けですね。臨場感たっぷりの体験談は触覚あるいは体感覚優位の人に強い印象を与えます。こんなふうに、複数の感覚に訴えるつもりでスピーチをすると、聴衆全体にアピールするようになります。あなたも大勢の人に話す機会があったら、ぜひ試してみてください。

【クロージング】

きょうは、「話すときは相手の五感に訴えよう」というお話をさせていただきました。ありがとうございました。

いかがでしょうか。第1章でお見せした原稿に比べるとぐっとスリム化していますが、オープニングで予告をし、クロージングで再確認することで、聞き手には「こういう話を聞いた」というコンパクトな印象を与えることができていると思います。ラッピングすることでプレゼントの価値が高まるのと同じ効果を、オープニングとクロージングの言葉がもたらしているのです。

もしも、オープニングを省略して、「えー、人間は視覚、聴覚、味覚、嗅覚、触覚の5つの感覚を持っていると言われております」などと話をスタートさせると、聞き手が「一体何の話？」と戸惑っているうちに、スピーチが終わってしまいます。

どんなに短いスピーチでも、《オープニング（挨拶＋予告）→本論→クロージング（まとめ＋挨拶）》という構成を意識して、話を組み立てることをお勧めします。これで、「骨太のスピーチ」、伝わるスピーチになります。

第7の技術
言葉の「間接ワザ」を使え！
相手にスペースを与える

第3の技術で、「伝えたいこと」にフォーカスするとよい、と述べました。ところが、**人間は面白いもので、ストレートすぎる言葉には素直に反応しないという、やっかいな一面を持っています。そこで、直球ではなく、わずかに変化をつけると、かえって反応してもらえる場合が多いのです。**私はこれを言葉の「間接ワザ」と命名しています。もちろん格闘技の「関節ワザ」のもじりです。ひとつ私が体験した卑近な例をお話ししましょう。

【言いたいことをストレートに出さないスピーチ】

ある時私は、山道で幼稚園児の集団とすれ違いました。細い道だったので、すれ違うのが大変だったのですが、そのとき、先生がとっさに「みんなー、ここはカニさん歩きだよー」と声をかけたのです。すると、子供たちは横向きになって、おまけに両手でチョッキンチョッキンはさみを作りながら歩き出したのでした。このとき、先生が「みんなー、横を向いて、人が通れるようにしなさい」と言ったら、はたして幼稚園児はとっさに反応できたでしょうか。私は先生の機転に感心するとともに、「カニさん歩き」と言われただけで一瞬でカニさんになってしまう子供たちに、いたく感動したのでした。

人間には、直接の指示に従うのを潔しとしない本性があるようです。プライドが許さない、とも言えますが、ちょっとひねった（ずらした）表現のほうが、知的に解釈する余地（心理的なスペース）ができて、快く動き出すことができるのです。

たとえば、小学生にゴミを拾わせるときに、「ゴミを拾いなさい！」と言ってもなかなか動きません。ところが、ある先生が「ゴミを10個拾ってごらん!」と呼びかけると、子供たちは嬉々としてゴミ拾いを始めた、というのです。「ゴミを拾いなさい」という直接的な(それでいて抽象的な)表現よりも、「10個拾う」という変化球に子供たちは反応します。「10個」というひねりを入れることで、一瞬でゴミ拾いがゲームと化してしまうわけです。(『**Aさせたいなら Bと言え**』岩下修著、明治図書刊)

これらの実例をスピーチに応用すると、伝えるときには、相手に心理的な余地を与えるような話し方が効果的である、ということになります。

たとえば、「もっとコスト意識を持て!」と、直接的(それでいて抽象的)な標語をいくら繰り返しても、部下は動きません(動けません、と言ったほうが正確です)。ちょっと表現にひねりを入れて、「今月は3つの商品の製造コストを引き下げましょう」と言えば、目標が具体的になり、部下は「どの商品のコストなら下げやすいか」

を自分で考えるようになります。

あるいは、「次の3つの商品で、採算分岐点がいちばん高いのはどれか調べてください」と指示すれば、自然にコストに意識が向くようになります。

人間は、直接的な指示を嫌うものだ、ということを覚えておいてください。子供のとき、「勉強をしなさい！」という親の言葉ほど嫌なものはなかったはずです。だとすれば、自分の子供にはどう言えば通じるか……。コミュニケーションは知恵の絞りあい。スピーチも伝達ゲームだと思って、工夫してみてください。聞き手はいつも考える余地、自ら動くためのスペースを求めています。

言葉はこちらから発せられます。しかし、リアクションはあくまで聞き手の側から出てくるものなのです。

第8の技術
テーマを3段階で絞り込め
意識のギアを変える

先ほどご紹介した『**AさせたいならBと言え**』という本に、もうひとつたいへん興味深いエピソードが紹介されていました。

修学旅行のあと、子供たちに作文を書かせようと思っても、子供はなかなか書くテーマを思いつきません。旅行の印象が多岐に広がりすぎて、的を絞ることができないのです。そんなとき、岩下先生（同書の著者は名古屋の小学校の先生です）は黒板に「○の○の○」と書き、作文の題を「○の○の○」の形にするように指示してみたそうです。

すると、「東大寺の大仏殿の大仏」という題を書いた子がいました（タイトルを

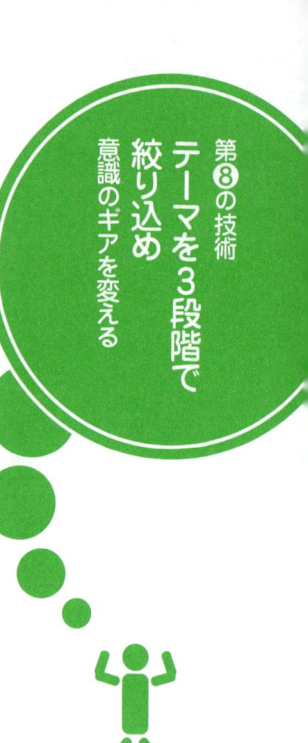

考えることをゲーム化した！）。今度は「大仏殿」から始めてごらんと言うと、「大仏殿の大仏の手のひら」というタイトルに絞り込んできた、というのです。「○の○の○」という呪文が、意識のギアを変える働きをしたのですね。

このほか、次のような題を思いついた子供がいたそうです。

・三十三間堂の左右にある風神と雷神の表情
・五重塔にあるしゃかのまわりの人々の表情
・三十三間堂の千手観音のびみょうな顔のちがい

子供たちに「○の○の○」という呪文を与えただけで、茫漠とした記憶の中から、このような一瞬のヴィジョンがありありと蘇ってきたのです。言葉というのは、計り知れない力を持っていることがこの例でわかります。

あなたもスピーチを頼まれ、なかなか適当なテーマを決めることができないときには、この「○の○の○」という呪文を使ってみてはいかがでしょう。

たとえば、「商品の採算分岐点」という漠然としたテーマから、「商品の採算分岐点の比較」と「の」をひとつ増やすだけで、テーマの捉え方はガラッと変わります。あるいは、もうひとつ「の」を増やして、「新開発の3商品の採算分岐点の比較」とすると、テーマはより絞り込まれます。やるべき作業が見えてきます。テーマは具体的(英語のspecificがぴったりの言葉です)なほうが、聞き手の印象に残りやすいし、聞き手を動かしやすくするのです。人は抽象的な言葉だけでは動くことができません。

先ほどの例に戻りますが、「三十三間堂の仏の多さ」という題を思いついた子供は、次のような400字の作文を書き上げたそうです。400字といえば、ちょうど1分間のスピーチ原稿とみなすこともできます。「○の○の○」という呪文をかけただけで、これだけ立派な〝スピーチ原稿〟が書けるとすれば、われわれもこの技法を活用しない手はない、と思います。

【○の○の○マジックを使った1分間スピーチ】

「くつをふくろに入れて、手に持って入ってください。」
さすがは三十三間堂だと思った。
新しいたてものを通ってうすぐらい部屋に入った。
三メートルくらい行くと、曲がり角があった。
その角を曲がった瞬間、黄金のかがやきが、ばちっと目に入った。
部屋が暗いだけ、黄金がめだつ。
みんなが言ったように、少しずつ顔が違う。
自分に似た顔をさがそうと思ったが、気がとおくなるのでやめた。
雷神の前をとおった。しかし仏はまだまだ無数に続く。今、これだけの数の仏を作れと言われても大変な仕事なのに、遠い昔にこんなものを作ったとは、信じられない。

そのうち、風神が見えてきて、一〇〇一体もある仏にも、終わりが見えてきた。

最後に仏を横から見たら、仏が波のようにせまりくるようなかんじがした。

（前掲書164～165ページ所収）

「〇の〇の〇」で題を考えなさい、という先生のたったひとことの指示が起点になって、これだけの体験が生き生きと蘇るとすれば、これはもう言葉の奇跡としか言いようがありません。

私が「第1の技術」で、「姿勢をよくしなさい」と言わずに、「肩の力だけ抜いてください」と言ったのは、実はこの「言葉の間接ワザ」の応用だったのです。

第9の技術
ストーリーは人を動かす
具体例を必ず入れる

エピソードは、聞く人の五感に訴えます。視覚型の人はいろいろなイメージを楽しみ、聴覚型の人は物語の進行に耳を傾け、体感覚型の人は思わず感情移入して聞き入ります。ただし、あまり長いエピソードは禁物です。「いったい何の話をしているんだ、この人は?」と思われたらおしまいです。ですので、臨場感あふれるエピソードを手短に話す、これがいちばんお勧めの方法です。

一例を示しましょう。「ビジネスとユーモア」という題でスピーチをしようと思ったとします。次のように短いエピソードを使えば、1分間で印象的なスピーチをすることができます。一応、朝礼の挨拶を想定して書いてみました。

【エピソードをきかせた1分間朝礼】

おはようございます。今日は、ビジネスにもユーモアの感覚が必要だ、というお話をしたいと思います。

傑出したビジネスパーソンの発想は、常人の常識では測れず、ユーモラスにすら感じられることが、ままあります。思い出すままに、一例をあげてみます。

バンク・オブ・イタリーの創始者、A・P・ジアニーニという人のエピソードです。1906年のサンフランシスコ大地震で、彼の銀行も大きな被害を受け、閉店の危機にさらされました。しかし、ジアニーニは周囲の制止を振り切り、なりふりかまわず銀行業務を続行しました。その店舗は、ふたつの樽の上に厚板を渡しただけの世にも粗末なものだったそうです。それでも、彼は震災で被害を受けた個人や中小企業のために再建資金の融資を続けたのです。

この混乱状態の中で、全財産を失った人々に対して、彼が考えついた「融資

の条件」とは、一体どんなものだったと思いますか？（間）

それは、「手にタコができていること」という、奇想天外なものだったのです。手にタコのできているような人なら、必死に再建に取り組むだろう、とジアニーニは考えました。そして、彼の考えは間違っていなかったのです。

結局ジアニーニは、1ドルの損失も出さず、多くの市民を破滅の淵から救い出しました。それにしても、何もかも失った人たちに残された最後の財産は「手にできたタコ」というのは、何ともいい話ではありませんか。

けさは、ビジネスには常識にとらわれないユニークな発想、いわばユーモアの感覚が必要だという話をさせていただきました。これで私の話を終わります。ありがとうございました。

このスピーチは、ひとつのエピソードだけで本論を構成しています。しかし、一度聞いたら忘れられないエピソードを通して、「ビジネスにはユーモアの感覚も必要だ」ということが、聞き手の心に浸透したと思います。

引き合いに出すのは、このように著名人のエピソードとは限りません。あなた自身の体験を使ってもかまいません。ただし、その場合、絶対にやってはいけないのは、自慢話です。自分を持ち上げるような話をすると、どんなにテーマがよくても逆効果になります。ですので、自分の体験を話すときは、失敗談のほうが無難です。あるいは、心から感動した体験なども、聞き手の耳には快く響きます。

たとえば、私は長兄に一生頭が上がらない、こんな思い出があります。


兄が大学生になり、最初にやったアルバイトは港湾での肉体労働でした。1週間、埃まみれ、汗まみれで働いて初めてペイを受け取った日、彼は私に「お前、何か欲しいものはないか」と聞いてきたのです。当時、私がいちばん欲しかったのはテレマンという作曲家の2枚組みのレコードだったので、正直にそう言いました。兄は何も文句を言わずに買ってくれたのですが、あとで、2枚組みレコードの定価は彼が1週間で稼いだ額よりも高かったことに気づきました。私は兄に謝りましたが、「そんなことはかまわないさ」と取り合ってくれませんでした。このときに、「自分には兄貴のマネはできないな」と思ったことは、一生忘れないと思います。

このエピソードは「無償の善意」といったテーマのスピーチなら、大いに利用できると思います。これで、もうひとつの1分間スピーチの出来上がりです。

ストーリーは人を動かします。人の五感を刺激するので、いろいろなタイプの人にアピールするには最適の方法です。話のネタは本の中にもころがっているし、あなたの体験の中にも眠っています。普段から生きのいいネタをストックしておくと、いざというときに役立ちます。

第⑩の技術
大は小を含む
最初に地図を与える

「採算分岐点を引き下げる方法は、3つ考えられます」などと、最初に数を明示すると、スピーチはとてもやりやすくなります。聞く側も安心して聞けますし、「3つ」という数字に興味を持ってくれます。「ひとつ目は何だろう」とか「最後に残る3つ目は何だろう」などと、最後まで注意深く聞いてくれるのです。したがって、話す側にとっても安全で安心な話し方、ということになります。

この、最初に数を明示する方法は、「話の道筋を予告する」という効果があります。つまり、聞き手の心の中に話の見取り図を作らせるわけです。

たとえば、「エルニーニョの影響」というテーマで1分間の話をすると仮定します。

こんなふうに数を使うと、組み立てが非常に楽になります。

【数字をうまく使った1分間スピーチ】

エルニーニョが発生すると、日本では2つのものの値段が変動します。何だと思いますか？（間）

ひとつは銀の値段で、もうひとつは豆腐の値段です。銀の値は下がり、豆腐の値は上がるのです。では、どうしてエルニーニョが発生すると銀と豆腐の値段がこのように変動するのでしょうか。（間）

まず銀ですが、なぜ銀の値段が下がるのかと言うと、エルニーニョの影響で南米の漁獲量が落ちます。すると、銀の産出国であるペルーは漁業の損失を補うために銀を増産する。これによって、銀の相場が下がる、というわけなのです。意外に話は単純です。

次に豆腐ですが、豆腐の値段は、銀とは逆に上がります。なぜだかわかりますか。（間）

エルニーニョの影響で南米の漁獲量が落ちると、家畜用の飼料が不足する。そうすると、日本に輸出されるはずのアメリカの大豆がそっちに回ってしまい、日本では大豆不足になる。その結果、豆腐の値段が上がる、というわけなのです。

遠く離れた地域の気象異常が、われわれの日々の生活と密接につながっていることが、この例からもわかると思います。スーパーで買い物をするとき、「今日はなぜ牛肉が高いんだろう？」とか「最近パスタの値段が下がったのはどうしてだろう？」などと疑問に思う習慣をつけると、いつの間にか、世界の気象や経済への関心が高まっているかもしれませんね。

「何々は2つある」とか「3つに分かれる」などと数を押さえていく論法を、西洋の話し手や書き手は非常に好みます。いくつか、例をお見せしましょう。

●「人間には二種類のタイプがいる。人を二種類に分類する人と、しない人だ」(『マーフィーの法則』より)

●「パッとしない人間に二種類ある。言われたことができないタイプと、言われたことしかできないタイプだ」(サイラス・ハーマン・コッチュマー・カーティス)

中でも傑作なのは、次の名句です。

●「世の中には三種類の人間がいる。数を数えられる人たちと、数えられない人たちだ」(『マーフィーの法則』より)

つまり、この句を吐いた人自身、「数を数えられない人」だったというオチですね。

もうひとつ、英国の文豪、サマセット・モームにはこんな言葉があります。

「小説を書くためのルールは三つある。残念ながら、誰もそれを知らない！」

この名句も、西洋人の数へのこだわりをよく表していると思います。

本章のタイトル、《10の「伝える」技術》も、あらかじめ数を明示するテクニックの応用だったことに、あなたはすでにお気づきでしたか。

このように、数に限らず、**最初に聞き手の頭の中に「地図」を作らせるような話し方は、相手の興味を引き出し、それを持続させるのに非常に効果的です。**

この項のタイトルは「大は小を含む」でした。最初に「地図」を与えると、スピーチの途中で聞き手は道にはぐれる心配がなくなります。人に嫌われるスピーチの多くは、聞き手が「今どこにいて、どこに向かっているのか」がわからなくなるような、「行き先不明のスピーチ」なのです。なので、スピーチをするときは、「小」から始めるのではなく、「大」から始めるよう心がけましょう。大きな図から小さな絵へと話を進めましょう。

ここで、この章を閉じる前に、第1の技術から第10の技術までの総復習をしておくことにします。

- □ 第1の技術　スックと立ち、軽やかに歩く（相手は「聞く」前に「見ている」）
- □ 第2の技術　あえて原稿は作らない（キーワード・メモのすすめ）
- □ 第3の技術　いちばん伝えたいのは何か？（10秒で言えるように）
- □ 第4の技術　文は短く、間は長く（接続詞をたくさん使わない）
- □ 第5の技術　スピーチの目的をはっきりさせる
- □ 第6の技術　何より大事なのは「構成」（骨太なスピーチをする）
- □ 第7の技術　言葉の「間接ワザ」を使え！（相手にスペースを与える）

□ 第8の技術 **テーマを3段階で絞り込め（意識のギアを変える）**

□ 第9の技術 **ストーリーは人を動かす（具体例を必ず入れる）**

□ 第10の技術 **大は小を含む（最初に地図を与える）**

あなたには、どの技術が特に参考になりましたか？　よろしかったら、参考になった順に「ベスト5」を選んでみてください。そして、□の中に順位を入れてみてください。このたった1、2分の作業で、この章で読んだことの定着率は2倍に増えます。これまた、言葉の持つ不思議な力の応用と言えます。では、まずどの技術がベスト5に入るか、というところから探りを入れてみてください。

これで、第3章は終わりです。10もテクニックがあるので、特別に長い章になりました。お疲れ様でした。

第4章

あがらない工夫
実はあがってかまわない！

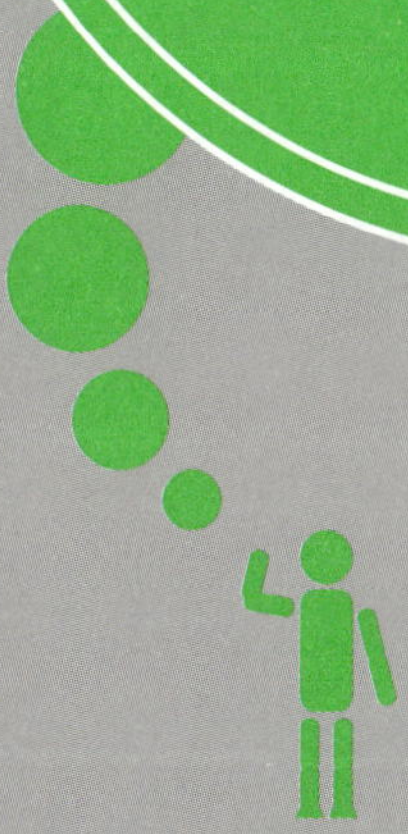

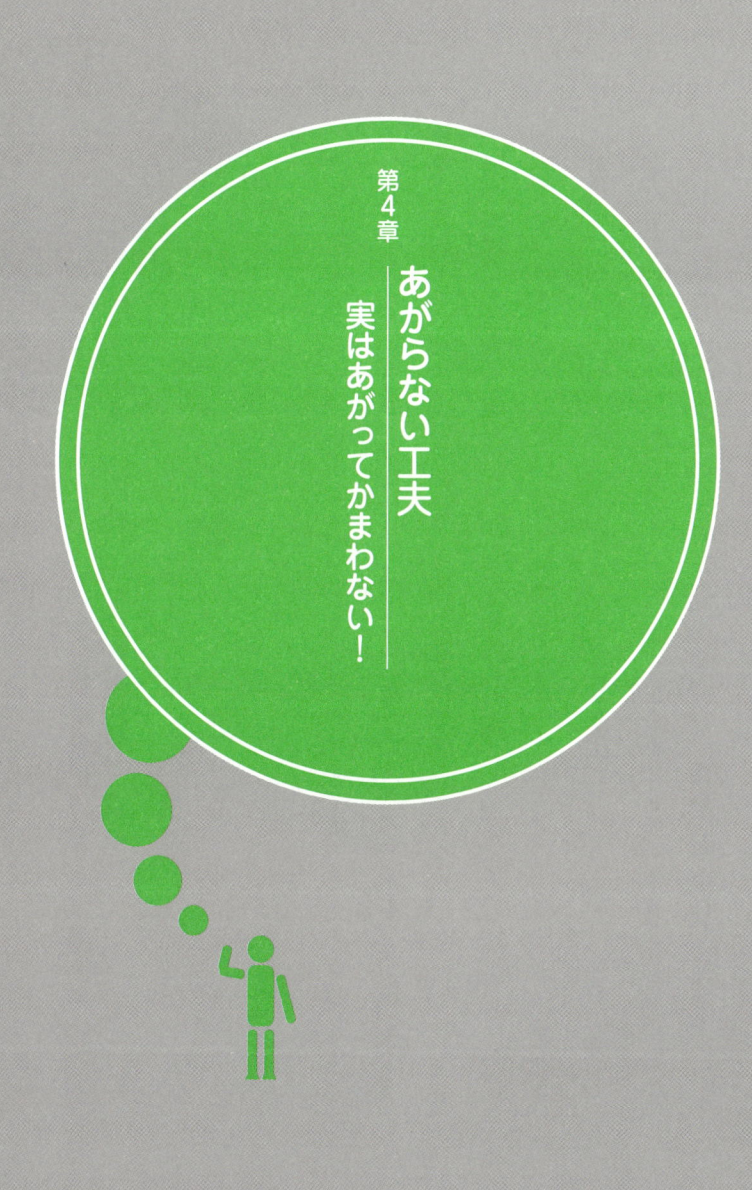

「あがっていいとも!」

スピーチを頼まれて、多くの人が恐れるのは、「本番であがったらどうしよう」ということだと思います。あがってしまって用意したセリフを忘れ、大勢の前で大失態を演じてしまうのではないか、と恐れるわけですね。

この章は、あなたが実際にスピーチを頼まれた場合を想定して、「あがり」という現象について考えてみたいと思います。そして、「あがり」に対して、どのように対処したらいいのか、そこらへんをテーマにしてお話ししていきたいと思います。

「あがり」に関して、私には忘れられない思い出があります。大学生のころ、私はリコーダー奏者として活動した時期があり、プロの合奏団に頼まれて演奏旅行に出かけ、ヴィヴァルディのリコーダー協奏曲のソロを吹いたりしていました。

忘れらない思い出というのは、チェンバロの第一人者である小林道夫先生とジョイント・コンサートをさせていただいたときの、先生からのアドバイスです。

「あのね、みんな『あがる』のを怖がるけど、むしろ少し『あがる』くらいのほうがいいんだ。いちばん怖いのはね、『あがる』ことより『さがる』ことなの！」

私は、プロ中のプロのこの指南に、目を開かれる思いをしました。小林先生がおっしゃった「さがったらおしまいだ！」というのは、言い方を変えると、本番で「乗れなかったら悲劇だ」ということ。とても人に聞いてもらえる代物ではなくなってしまいます。

小林先生によれば、「あがって当然だし、少しあがるくらいのほうがむしろ緊張感があっていい」ということでした。このひとことで、私はずいぶん楽になったのを覚えています。

とはいえ、プロの演奏家でも舞台の上で「あがる」ことはあります。これは、ある高名な弦楽器奏者のエピソードですが、拍手で迎えられたアンコールで、彼女はこう聴衆に詫びたそうです。「すいません。第4楽章を弾くのを忘れました！」。また別のときには、楽器を置いたまま控え室をロックしてしまい、本番の開始を遅らせたこともあるとか。プロ中のプロにしてこの通りなのです。もっとも、彼女の場合は、どんなにヘマをしたときでも、演奏自体は常に一流中の一流でしたが。

なぜあがるのか?

あがると心臓がバクバクし、背中がひんやり汗ばみ、頭の中がまっ白になって、おまけにひざがガクガク震えたりします。「なんでこんな大変なことを引き受けたんだろう」と自分をのろいたくなる一瞬です。

人によっては、自分は「あがり症だ」と信じている人もいます。もっとひどい場合は、「私は生まれつき話すのが苦手で……」とのたまう人もいます。そういう人には、ひとこと言わせてください。生まれたときから話し上手な人なんていませんよ、と。オギャーと生まれたとたんに、「まだ名前はありませんが、これからの長い人生よろしくお願いします」なんてペラペラ話す赤ん坊がいるわけありません。

つまり、「話し下手」というのは、後天的な現象であり、その多くは、何かのきっかけでそうなるのです。

何の用意もしていないときに突然スピーチを頼まれたとか、初めてスピーチをしたときに途中で話すことがなくなって往生したとか、先生から「もっとはっきり話しなさい」と言われて萎縮してしまった、とか。

プロの話し手でも、ちょっとした経験がトラウマになることがあります。

このように「話し下手」というのは、生まれつきでも性格でもなく、何かをきっかけに始まる後天的な現象なのです。

自分のことより相手（聞き手）のことを考えよう

「あがり」は後天的なものであり、誰にでも起こりうる（起こって当然の）現象だとしても、やはり「あがり」やすい人というのはいます。

それはどういう人かと言いますと、いわゆる完全主義者で、「人前で失敗したくない」と思うあまり、「もしも失敗したらどう思われるだろう」とか「失態を演じたら自分の評価はがた落ちだろう」などと、勝手に自分の中で煮詰まっていくタイプです。

こういう人は、普段の生活の中でも、「こんなことを言ったらAさんに笑われないかしら」とか「Bさんが突然無口になったのは、きっと私の言葉に傷ついたからなんだ」と独り合点で空回りする傾向があります。今この文を読みながら、「あ、自分もそのタイプだ」と思い当たる方もいらっしゃるのではないでしょうか。

こういう人は「人によく思われたい」と願うあまり、人の心の中までかんぐって、結局は自分だけで独り相撲してしまいます。「人がどう思うか」というのも、実は勝手な思い込みに過ぎないのです。自分の心もよくわからないのに、人の心が読めるはずはありません。

こういうタイプの人がスピーチを頼まれると、失敗することを恐れるあまり、本番でも頭がまっ白になる確率が高いのです。

では、どうしたらいいいか。

実は、この本の前半で、すでにいくつかのヒントを提供しています。たとえば、「話し方」の本と「伝え方」の本の違いについて述べた、次の一節です（51ページ参照）。

――「話し方」の本を読むと、関心が自分にばかり向くようになるのです。その結果、「うまくできるだろうか、何かヘマをしないだろうか、どうせ完璧になんかできやしない、ああ何でこんなことを引き受けたんだろう！」という気分になってしまうのです。（中略）

これに対し、「伝え方」の本は、根本からスタンスが違います。「自分がいかに話すか」という内側への関心よりも、「相手に何を伝えるか」という外側への関心に注意が向くからです。

何を話そうか（どんな話をプレゼントしようか）。
どんな順番で話せば、相手に伝わりやすくなるだろう。
この話を聞いて、相手にどんな影響を及ぼしたいか。
そもそも相手の関心はどんなところにあるのだろう。

こんな外向きの興味や関心に引かれてスピーチの準備をしていると、だんだん楽しくなってきます。先ほどの「話し方」ばかり気にする場合とは雲泥の違いです。

というわけで、**スピーチを引き受けたときは、「どう話そう」と内向的にならず、「何を伝えよう」と外向的に知恵を絞るようにしてほしいのです。**慣れないことをするのですから、悩ましいのは一緒です。しかし、内側に悩むのと、外側に悩むのでは、同じ悩むといっても方向が正反対なのです。（中略）

いちばん大事なのは、《伝えたいことがあるかないか》その一点に尽きると思います。

あがるあがらない以前に、「どうやって聞き手を楽しませようか」と考え、そのための準備に意識を向けましょう。ネタが足りなければ、ネットや本を使ってネタを集める。話の内容がだらだらしていると思ったら、重要な部分を絞り込む。《オープニング、本論、クロージング》の3部構成を明確にして聞きやすいスピーチにまとめあげる。ついでに、何かサプライズ（プレゼントなど）を用意する。こんなふうに準備を怠らず、聞き手を楽しませる工夫を重ねれば、少なくとも「内側に悩む」ヒマはなくなります。

あがりやすい人は、ひとことで言うと自意識が過剰な人。自分がかかえている問題の原因を全部自分の中に背負い込み、人のことを気にしているようでいて、実は自分への関心ばかり強い人なんです（まあ、誰でもそうなんですが……）。では、そういう人への特効薬はあるのでしょうか。私はあると思います。

〝助動詞のはしご〟

自分の中で空回りしやすい人は、〝助動詞のはしご〟の達人です。どういうことかというと、「Aさんは私のことを馬鹿にしているかもしれない↓多分馬鹿にしているのだろう↓馬鹿にしているに違いない↓やっぱり馬鹿にしているんだ」というように、助動詞を〝はしご〟したあげく、最後は思い込みの世界に沈潜していく名人、というわけです。

このような人への特効薬は、**最初の「かもしれない」のところで、「じゃないかもしれない」と果敢に切り返す**ことなのです。

英語のことわざに、〝Every may be has a may not be.（すべての〝かもしれない〟

は〝じゃないかもしれない〟を含んでいる）という名文句があります。「明日は雨かもしれない」は自動的に「明日は雨じゃないかもしれない」を含んでいる、という真理を表したことわざです。mayは「フィフティ＝フィフティ」を表す助動詞なのです。

このことわざを応用すると、「Aさんは私を馬鹿にしているかもしれない」は「馬鹿にしていないかもしれない」と同値であり、「Bさんは私の言葉に傷ついたかもしれない」は「傷ついてなんかいないかもしれない」と同値なのです。

ですから、「失敗したら笑われるかもしれない」は「笑われないかもしれない」と同値だし、「私の評価はがた落ちかもしれない」も「そうならないかもしれない」と同値なのです。

こんな話があります。

タレントの勝俣州和《かつまたくにかず》さんが、あるバラエティ番組の中でバンジージャンプをすることになっていました。ところが、飛ぶ直前に、その場所で前に事故死した人が出たという話を聞いて怖くなり、カメラがまわっているにもかかわらず、どうしても飛ぶことができませんでした。そこで、別の回に場所を変えて再チャレンジすることになったのですが、その回もできなかった。2度にわたって番組を台無しにしたので、これで自分のタレント生命も終わったと覚悟して泣く泣くスタジオに戻ってみると、「勝俣おもろかったでー」と大受けしていた、というのです。この一事を見ても、人間、失敗したら終わりではないことがわかります。

それなのに、世の中は「かもしれない」で勝手に迷走し自爆する人であふれているのです。最近、「もったいない」という言葉がはやっていますが、こんな人生こそ「もったいない」の山なのではないでしょうか。

「ダメかもしれない」と思ったら、すかさず「ダメじゃないかもしれない」と切り返して、不安を中和させてしまいましょう。この「反問法」を覚えてから、私の人生は著しく好転しました。あなたも「煩悶」の人生を一日も早く「反問法」で打開してください。

具体的に悩め！

よく人生の目標に「誰とでも仲良くなりたい」とか「もっと話がうまくなりたい」とかをあげる人がいます。一見もっともな目標なのですが、よく考えると、いまいち抽象的でぼんやりしている。「では、具体的にどうするのか」という方向がまったく見えないのです。

へたをすると、「自分は人付き合いが下手だ、なんとかしなくては……」と自問するばかりで、顔色がさえない。それで、ますます人が寄ってこないという悪循環にもなりかねません。自分で自分の首を絞めていることがわからないんですね。

悩みはもっと具体化しましょう。「誰とでも仲良くなりたい」よりも、もっと具

体的に、「S部長と気楽に話ができるようになりたい」という細分化した悩みに変**えましょう。そうすれば、ぐんと打開の糸口が見つかりやすくなります。**

抽象的な悩みをかかえて何年も悶々とするくらいなら、具体的な悩みを掲げて、1日ひとつでもいいから解決していくほうが、人生ははるかに好転していきます。

スピーチがうまくいかないと悩んでいる人も、もっと悩みを具体化しましょう。「もっと晴れ晴れとした表情で明るいスピーチがしたい」というように。

このように悩みが具体化すると、漠然と悩んでいるときよりも、はるかに解決が容易になります。

人間は1度にひとつのことしかできません。たとえば、満面の笑みを浮かべながら同時に悶々と悩む、ということができないのです。**だとしたら、1分でも1秒でも長く笑顔を作り、笑顔を維持する練習をしてみてください。少なくとも、笑顔を作っている間は、くよくよ悩むことができなくなります。**眉間のシワものびてきます。こんな簡単なトレーニングで、あなたは生き生きとした表情でスピーチをすることができるようになるのです。

この項では、「悩むなら具体的に悩め」「人は笑いながら悩むことはできない」というふたつの大事な事柄をお伝えしました。

私は、人生でいちばん大事なのは「笑う練習（笑顔をつくる練習）」だと思います。

どのくらい練習すればいいかと申しますと、ほっぺたの筋肉が疲れるくらい練習してください。笑い疲れて真顔に返ったときに、普段自分がいかに仏頂面をしているのか気づくと思います。こんなことわざがあります。

「仏頂面の人はお店を開いてはならない」

昔の人は、商売をするための最高の資本は「笑顔」であることを見抜いていたんですね。さらに、こんなことを言った人もいます。

「笑顔は1ドルの元手もいらないが、100万ドルの価値を生み出してくれる」

(デール・カーネギー)

ところで、聞くところによると、頬骨の少し下のボコッとへこんだ所に、人間の脳波を切りかえるツボというのがあるのだそうです。ここを刺激すると、脳波がリラックス時の脳波、すなわちα波に変わるというのです。したがって、緊張を解き、ひらめきやすい状態をつくるためにも「笑いの練習」は著効があることになります。

どうか、だまされたと思って、毎日5分でもいいから「笑顔を作る練習」をしてください。その日から、あなたの人生が見る見る好転していくことを保証します。

「笑い」は人生のツボを刺激するのです。だから、人生でいちばん大事なのは「笑う練習」なのです。

あがっている自分を実況中継しよう

さて、いろいろアドバイスしてきましたが、実際にスピーチの場であがってしまったらどういう対処法があるのか、を最後にお話しすることにしましょう。

いろいろな人が、「あがり」に対する対処法を書いておられます。

心臓のバクバク、背中の冷や汗、まっ白な頭の中、ひざのガクガク。これらの身体症状を和らげるには、深呼吸がいちばんだという人もいます。10で吸って20で吐くとよい、と非常に具体的なアドバイスをしている人もいます。たしかに効果があります。

話す前に冷たい麦茶を飲むとよい、という人もいます。あがると喉がカラカラになるので、口を湿らしておくのはたしかに効果があります。あるいは、首のうしろに使い捨てカイロを貼っておくという方法もあるそうです。

緊張で体が硬くなっていると余計にあがりやすくなるので、体を伸ばす柔軟体操や、笑顔を作る顔面体操も効果があるそうです。「緊張を緊迫感に変えるとうまくいく」と、実にうがったことを言った人もいます。

しかし、それでもあがってしまったら……。

そういうときの奥の手は、あがっている自分を正直に実況中継する、最後はこれしかありません。

「ええ、私は人前で話すのが大の苦手でして、もう自分でも何を言っているのかわからない状態です」とか、「ああ、しっかり準備してきたつもりなんですが、ここに立ったらすっかりあがってしまいました。もう頭がまっ白です。でも、何とか、これだけはお伝えしたいと思います」のように、正直に自分の状態をさらけ出して言ってしまうのです。これでずいぶん気が楽になりますし、とにかく何かしゃべっ

ているのも事実です。聞き手のほうも、あがるのはお互い様ですから、温かく応援する雰囲気になります。少なくとも気まずい雰囲気にだけはなりません。

したがって、いざ話す段になってあがってしまったら、実況中継しかない、ということを覚えていてください。

この実況中継という方法は、あがりやすいシロウトのための最後のテクニックなのかと思ったら、実はプロの話し手もけっこう使っているようです。

たとえば、グラミー賞の受賞スピーチ。

「ワーオ、頭の中がまっ白になっちゃって、考えてきたスピーチを全部忘れちゃったわ。とにかく、すごくうれしいです!」

「緊張して何を喋ったらいいかわからなくなりそうだから、メモを作ってきたの。あー、用意しておいて本当によかったわ!」

これで、聞いている(見ている)側も一気に緊張がほぐれてしまいます。本人の緊張をほぐしているように見せかけて、実はその場の雰囲気も和らげてしまうとい

「あがり」やすい人への処方箋

「あがり」やすい人

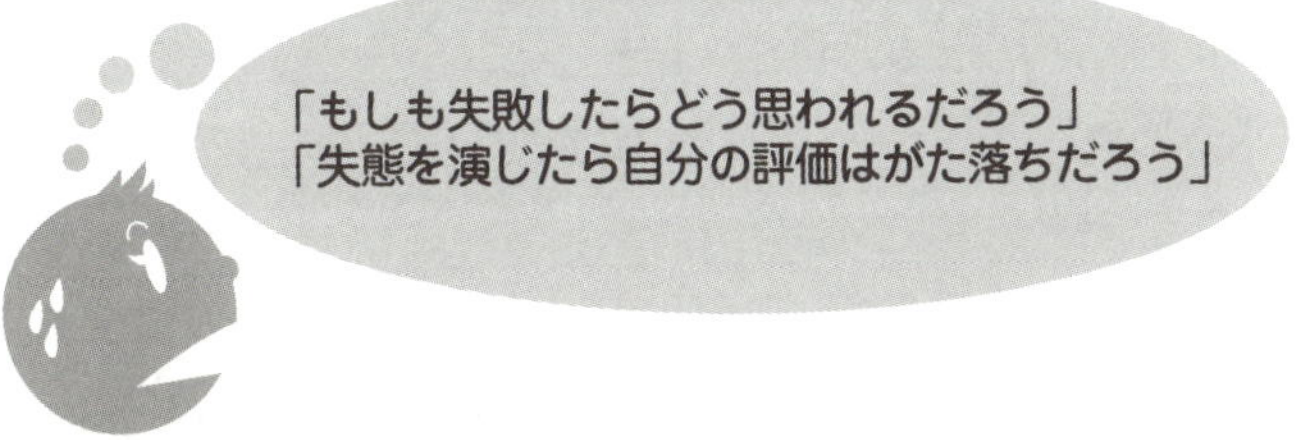
「もしも失敗したらどう思われるだろう」
「失態を演じたら自分の評価はがた落ちだろう」

処方箋

「どうやって聞き手を楽しませようか」と考える

・何を話そうか（どんな話をプレゼントしようか）。
・どんな順番で話せば、相手に伝わりやすくなるだろう。
・そもそも相手の関心はどんなところにあるのだろう。

奥の手

あがっている自分を正直に実況中継する

「うぁ～、頭の中がまっ白になっちゃって、考えてきたスピーチをみんな忘れちゃったわ！」

う一石二鳥の効果が、この実況中継にはあるんです。

この章では、「あがり」への対処法をいろいろ述べてきました。あがりやすい人は人の目を気にする完全主義者が多い話とか、〝助動詞のはしご〟で自縄自縛になりやすい人のための「反問法」という特効薬の話などもいたしました。

スピーチを引き受けることで、自分の日ごろの考え方の癖がわかり、それを改善するきっかけにもなるとすれば、やはりスピーチは人生の一大転機になりうると思います。

第5章

「1分間」を見直す

なりゆき任せからの脱却

相次いで出された「1分間」本

本書の前半で、私は数回にわたって「1分間スピーチ」の実例をお見せしてきました。この章では、1分間でスピーチをすることの意味を、改めて考えてみたいと思います。ここ数年、「1分間」という短い時間単位をテーマにした本が、矢継ぎ早に出版されています。その数は20や30ではおさまらないかもしれません。少し例をあげてみましょう。

『1分で大切なことを伝える技術』
『1分間をムダにしない技術』
『1分間目標達成術』

『1分間整理術』

『1分間勉強法』 などなど。

このように、「1分間」をキーワードにした書籍は、今に始まったことではなくて、ずいぶん以前から出版されていました。

たとえば、『チーズはどこへ消えた？』で一世を風靡したスペンサー・ジョンソンは、1980年代に『1分間マネジャー』『1分間意思決定』『1分間自己革命』などの一連のベストセラー群を世に送り出しました。

「1分間」ものは、スペンサー本以前からも出版されていました。今、私の手元には、その名もズバリ、**『1分間スピーチ』**（米山高範著）という本が置かれています。この本が刊行されたのは1973年（四半世紀も前）であり、私が持っている1995年版には、実に17刷と印刷されています。こんなにも前に、『1分間スピーチ』というタイトルの本が出され、多くの人々の関心を集めていたとは、ちょっと驚きです。

なぜ「1分」なのか?

では、なぜ「1分間」という短い時間単位が、これほど注目されるのでしょうか。

『1分で大切なことを伝える技術』の著者、齋藤孝氏は次のように述べておられます。

――私が「1分」にこだわるのには、理由がある。感覚的に、はじめと終わりが比較的見えやすい長さであるということだ。――

齋藤氏によると、たとえば学生に何か1分間でできる課題を与えてみる。45秒経ったときに「はい終わり」と言うと、「今のはちょっと短くないですか」と気づく。

逆に1分20秒後に「終わり」と言うと、今度は「1分にしては長くないですか」と気づくというのです。つまり、「1分間」というのは、時計で測らなくても感覚でわかる長さだということですね。

そういえば、私はリコーダー奏者だったときに、「1分間1呼吸」のトレーニングで横隔膜を鍛えていました。**1分間は、その気になれば水に潜っていることのできる長さでもあります。**

これが、2分、3分となると、感覚がぼやけてしまいます。「これから3分で話をしてください」と言われて、正確に3分で話を終えられる人はめったにいません。

しかし、「1分で」と言われれば、だいたいの感覚で終わることができるのです。

たとえば、**「オープニングで10秒、本論で40秒、クロージングで10秒」**といった、おおよその時間戦略も成り立つのが「1分間スピーチ」なのです。

人は2分を越えると飽き始める!

先ほどご紹介した四半世紀前の本、『1分間スピーチ』に面白い話が載っています。当時、NHKの看板アナウンサーだった鈴木健二氏が行なった「人はどれくらいの長さの話なら飽きずに聞けるか」という興味深い実験の話です。鈴木氏自身の言葉で語ってもらいましょう。

いちばん聞きやすい長さは、私の実験によると45秒までである。日常の会話でも45秒以内で、次は相手が話したり、返事や質問があり、それも45秒以内におさまって、ピンポンのようなやりとりができているときがもっとも楽しい会話である。

ひとりで話す場合も、できれば1分30秒まで、せいぜい長くても2分10秒、うんと面白い材料があり聞く人も興味があっても2分30秒どまりで、3分は長すぎる。

実験をしてみると、話のうまい人が話しても、1分50秒から2分10秒ぐらいで聞いている人は完全に長いなあと感じはじめ、2分40秒でほとんど聞いていない。

この実験結果によると、話がうまい人（あるいは面白い話がある場合）でも2分以上話してはならないことがわかります。だとすれば、われわれ普通の人間の場合、1分くらいでスピーチを切り上げれば聞き手を飽きさせる心配がない、ということになると思います。

もちろん、この場合の1分は、正確に1分である必要はありません。「1分で切り上げるような気持ちで話す」ことが大切なのです。

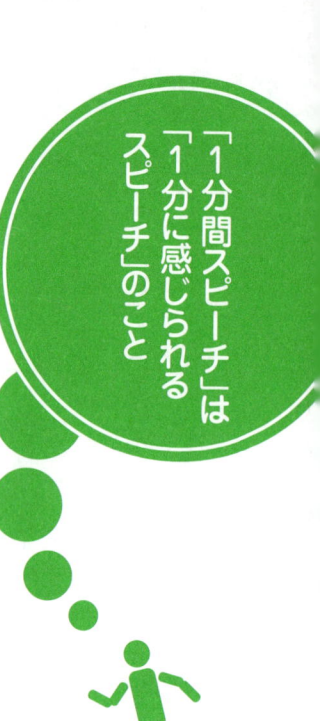

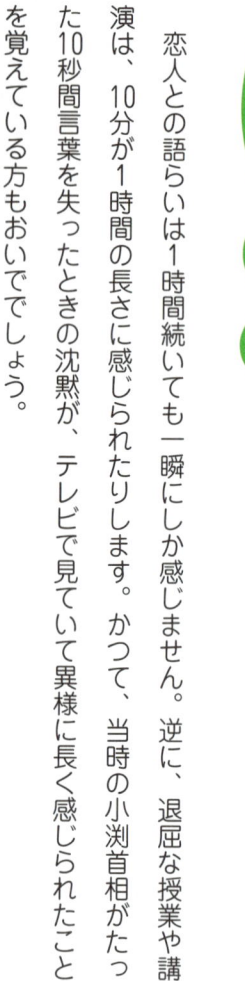

「1分間スピーチ」は「1分に感じられるスピーチ」のこと

恋人との語らいは1時間続いても一瞬にしか感じません。逆に、退屈な授業や講演は、10分が1時間の長さに感じられたりします。かつて、当時の小渕首相がたった10秒間言葉を失ったときの沈黙が、テレビで見ていて異様に長く感じられたことを覚えている方もおいででしょう。

ですから、**この本の趣旨は、「何がなんでも1分間でスピーチを終えましょう」ということではなくて、「〝たったの1分〟と思われるようなスッキリとしたスピーチを心がけましょう」ということなのです。**どうしても話したいことがあれば、1分が1分半になり、2分になることもあるでしょう。鈴木氏の実験でもわかるよう

1分スピーチのしくみ

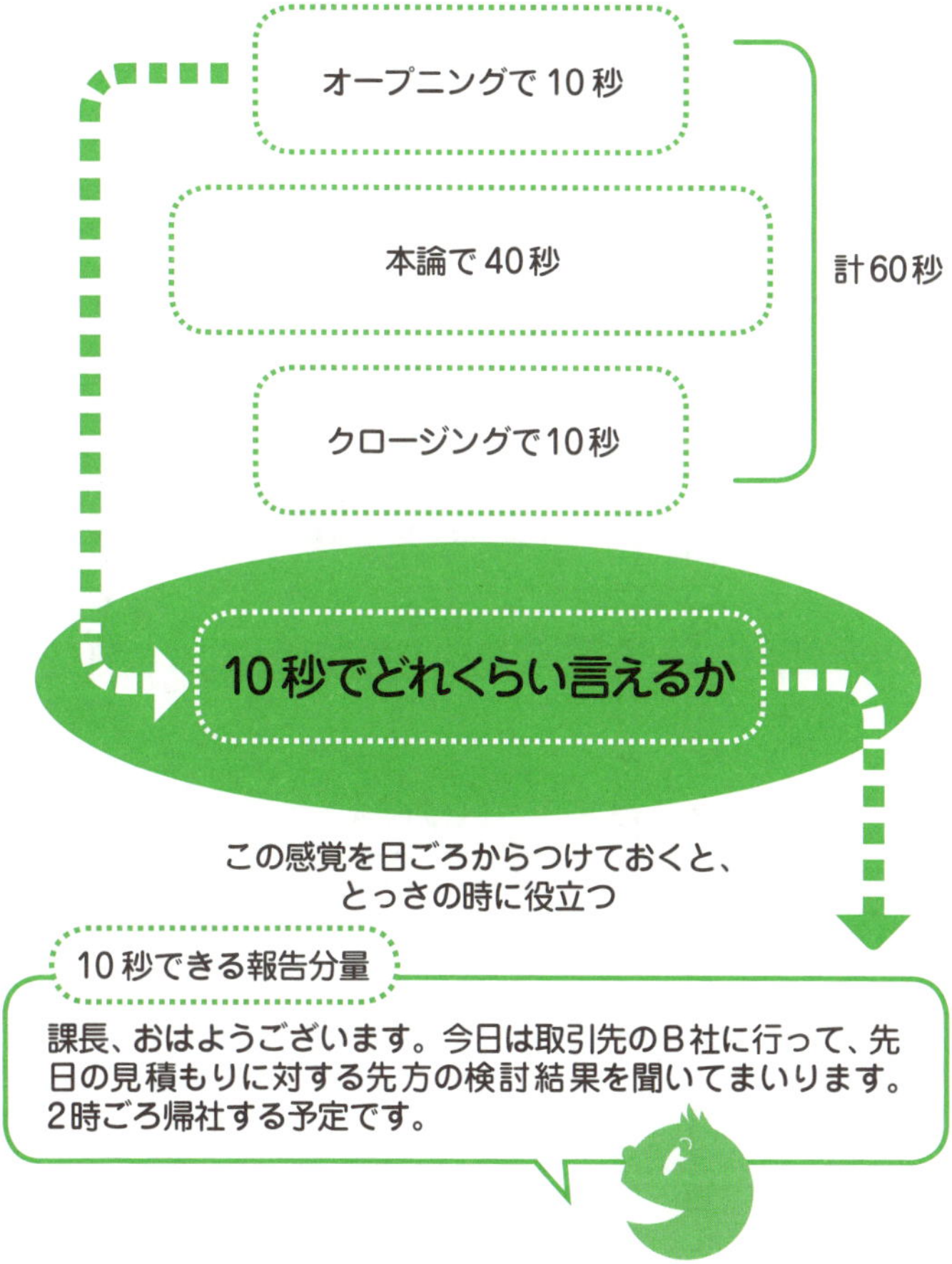

オープニングで10秒
本論で40秒
クロージングで10秒
計60秒
10秒でどれくらい言えるか
この感覚を日ごろからつけておくと、
とっさの時に役立つ
10秒できる報告分量
課長、おはようございます。今日は取引先のB社に行って、先日の見積もりに対する先方の検討結果を聞いてまいります。2時ごろ帰社する予定です。

に、2分くらいならなんとか聞いてもらえます。避けたいのは、最初から時間のことを気にせず、3分以上だらだらと話し続けるスピーチなのです。

『箴言集』で有名なフランスのモラリスト、ラ・ロシュフコーが、こんな愉快な名句を残しています。

「自分を退屈させる相手は許せても、自分が退屈させる相手だけは、どうにも許せないものだ」

自分の話を聞いて退屈する人を許せないとするなら、話を面白くして相手を飽きさせない工夫をするしかありません。そのいちばん手っ取り早い方法は、話を短く切り上げることです。ついでに、イギリスのバーケット卿の名句(迷句?)もご紹介しておきましょうか。

「こっちがスピーチをしているときに時計をチラチラ見るのは許そう。だが、ちゃんと動いているか確かめるために時計を振るのだけはやめてくれ！」

これは、イギリス人の好むユーモラスな名句の例ですが、それにしても、時計が止まっているんじゃないかと思わせるようなスピーチをするほうに責任があると思います。

「長く感じる話」と「短く感じる話」

では、ここで、「いつまで続くのかわからないダラダラした話し方」と「終わりの見えるスッキリした話し方」の差を、実例でお見せしましょう。実は、どちらの話も、話題は同じで、情報の中身もほとんど変わりません。しかし、話し方の順序や方法を変えるだけで、まったく印象が違ってしまうことがおわかりいただけると思います。

【①ダラダラした話し方】

昨日、東京フォーラムで行なわれたシンポジウムに行ってきました。最初に演壇に立った経済評論家のC氏は、向こう3年間は日本の景気は低迷状態を続けるだろうという暗い予測でした。次に話をした企業家のS氏は、アジア市場の成長が見込めるので、来年くらいには景気が上向くと力説しておられました。このあと、15分間の休憩があり、休憩後にマイクをとった大学教授のR氏は、公共投資の伸び悩みで景気は今の状態を抜け出すのに時間がかかるだろうという話を、いくつかの統計数字を使って主張しておられました。その後にタレントのTさんが出てきて、若者たちの活力を生かしていくような経済政策を強く望む、という話をユーモアたっぷりにされて、うん、けっこう受けてましたね。

これで、講演の部は終わり、残りの1時間半が討論にあてられていたんですが、残念ながら私は所用があって討論のほうには参加できませんでした。でも、いろいろな人の意見を聞くことができて有意義な3時間だったと思います。

あ、申し遅れましたが、シンポジウムのテーマは「今後の日本の景気予測について」でした。こういうの、また行きたいと思います。

【②スッキリした話し方】

昨日、東京フォーラムで行なわれた、今後の日本の景気予測についてのシンポジウムに行ってきました。前半の3時間が4人の方の講演で、後半の1時間が、同じ4氏による討論にあてられていました。私は、時間の都合で前半しか参加することはできませんでした。

講演をされた4人のうち、経済評論家のC氏と大学教授のR氏は、今後の景気動向について慎重な態度でした。C氏は向こう3年間は景気は低迷状態を続けるだろうと予測し、R氏はいくつかの統計数字を使って、公共投資の伸び悩みで景気は今の状態を抜け出すのに時間がかかるだろうと主張しておられました。

これに対し、企業家のS氏は明るい見通しを持っており、アジア市場の成長が見込めるので、来年くらいには景気が上向くと力説しておられました。

最後に演檀にのぼったのは、タレントのTさんで、ユーモアたっぷりに、若者たちの活力を生かしていくような経済政策を強く望む、という話をされて、何度も拍手を受けていました。

後半のシンポジウムに参加できなかったのは残念でしたが、それぞれの立場からの意見を聞くことができて有意義な3時間でした。

ふたつの話し方の比較

今のふた通りの話し方の違いを、6つのポイントにまとめてみましょう。

1.【テーマの提示】②はシンポジウムのテーマを最初に示しているが、①は最後に付け足しのように言っている。これでは、①は何の話か見えない。

2.【情報の伝え方】②はシンポジウムのスケジュールを最初に伝え、自分はどの部分に参加したのかを明示している。①はなりゆきで話しているだけで、シンポジウムがどのように進行したのかわかりにくい。いつまで続く話かもわからない。

3.【話の順序】①は登壇した話し手の順に報告しているが、②は内容によって整理し、景気見通しの暗い人と明るい人に分けて話している。これにより、②のほうが格段にわかりやすいスピーチになっている。

4.【主観的か客観的か】①はタレントのTの話が「けっこう受けていた」という主観的な表現で報告しているが、②は「何度も拍手を受けていた」と、より客観的な表現をとっている。

5.【不要な情報の扱い方】②は4人がどの順番で話したかという情報を故意に落としている（休憩時間のこともカット）。伝える価値のない情報だと判断したからだ。これに対し、①は見たままの順序で、雑然と話を進めている。重要な情報とそうでない情報が混交している。

6.【話し方】①は子供の「それから、それから」という話し方に近く、言葉遣いも稚拙である。これに対し、②はあらかじめ聞き手に話の「見取り図」を与えながら話しており、安心して聞くことができる。要するに、②は周到に準備した話、①は思いつくままに並べただけの話である。

おそらく、①のスピーチを聞いた人は、②の場合よりも1.5倍か2倍の長さに感じたのではないでしょうか。**先の見えない話、思いつくままに情報を並べた話し方は、聞く人をイライラさせ、話を長く感じさせます。**ふた通りの話し方が聞き手に与える印象の違いが、これでよくおわかりいただけたと思います。

結論。なりゆき任せのスピーチは聞き手をイライラさせます。1分なら1分と決めて、あらかじめ構成を考えて話すようにしましょう。

10秒でどこまで言えるかを知っておく

あなたは偶然エレベーターで上司と一緒になったときに、10秒か20秒でスッキリとした報告ができますか。このようなとっさの場合にも、思いつくままの未整理な報告は相手をイライラさせますし、おまけに肝心なことを言えないままに時間切れになってしまう恐れがあります。

10秒でどこまで言えるか、20秒でどこまで言えるかという感覚を日ごろからつけておくと、とっさのときに役立ちます。ちょっと実演してみましょう。

【10秒報告】

課長、おはようございます。今日は取引先のB社に行って、先日の見積もりに対する先方の検討結果を聞いてまいります。2時ごろ帰社する予定です。

【20秒報告】

課長、おはようございます。今日は取引先のB社に行って、先日の見積もりに対する先方の検討結果を聞いてまいります。メンテの費用に関する質問に対しては、改めて資料を使って説明してきます。2時ごろ帰社する予定ですので、帰りましたら、すぐにご報告いたします。

本書の「はじめに」で、話の肝の部分は10秒で言いきれるようにしましょう、と書きました。たった10秒でもけっこうまとまった情報を伝えられることが、今の例でもおわかりいただけたと思います。

長いスピーチをする場合も、いちばん肝心な情報は何か、それを10秒で伝えきることができるか、あらかじめテストしておくといいでしょう。

作家のマーク・トウェインは、こう言っています。

「気のきいた即興スピーチの準備にも、私は3週間以上かける」

これまた、3週間も準備したら即興スピーチではないというオチなのですが、短い時間で要領よく話をするのは、それほど難しいことなのです。書くときには誰でも、どのように（どの順番で）書くか考えます。それと同じように、話すときも内容や順番を考えてから話すように心がけましょう。

サッチャー首相の「1分間即興スピーチ」

ここでお見せするのは、イギリスのサッチャー元首相が、エリザベス女王から首相の任命を受けたのち、初めて首相官邸に入ったときに行なった1分間の即興スピーチです。彼女は、宮殿から官邸に向かう車の中で想を練り、初の女性首相誕生を祝う観衆の大歓声の中、ダウニング街10番地にある首相官邸に入る直前に頭の中を整理して、スピーチをまとめ上げたそうです。まさに歴史に残る1分間スピーチと言えるでしょう。

【サッチャーの1分間スピーチ】

とても興奮しています。責任を深く感じています。女王陛下より、新内閣を組閣するよう要請があり、これをお受けしたところです。もちろん、これは、民主主義の国ではどの市民にも与えられている最高の名誉です。

私は、首相官邸に入ると同時に私を待ち受けているさまざまな責任について、十分に理解しており、イギリス国民が私に与えた信頼と信任、そして私が為すべきものと信じている事柄を成就するよう絶え間なく努力するつもりです。

私は、ここでアシジの聖フランシスコの言葉を想起したいと思います。その言葉は、この場に特にふさわしいと思います。「反目のあるところには一致を、誤りのあるところには真理を。迷いのあるところには信仰を。絶望のあるところには希望を」。

すべてのイギリス国民の皆さん、あなたがどのように投票されたにせよ、私は次のように言いたいのです。もう選挙は終わりました。これからは、皆一緒になって、その一員であることを誇りとするこの国に奉仕し、この国を強化するするために、努力しようではありませんか。

そして、最後にひとこと、ここに本人にご登場願うことができればいいのですが、エアリー・ニーブ氏の言葉です。「さあ、なすべき仕事があります」。


サッチャーさんは、この短いスピーチの中で、2回も名句の引用をしています。とっさの状況においても冷静にスピーチを練り上げるあたり、やはり大人物は違うものです。この1分間（正確には1分20秒くらい）のスピーチが、以後のサッチャー改革のスタートラインだったことを思うと、感慨深いものがあります。なお、このスピーチの翻訳は『リーダーの英語』（鶴田知佳子、柴田真一著、コスモピア刊）を参考にさせていただきました。

次の章では、アメリカの政治史上でも屈指のスピーチの名手といわれるオバマ大統領にスポットライトを当て、アメリカ流のスピーチ術についてお話ししたいと思います。

第6章

アメリカ流スピーチ術の秘密

名手ケネディも実はスピーチ下手だった！

「本論」の組み立て方

前章では、「たったの1分!」と思わせるような簡潔なスピーチを心がけよう、と呼びかけました。また、もしも文字通り1分で話すときは、「オープニングで10秒、本論で40秒、クロージングで10秒」といった、おおよその時間戦略を立てて話すとよい、とも書きました（141ページ参照）。

この章では、スピーチの中心部分となる「本論部分」の組み立て方について、もう少しつっこんだ話をしていきたいと思います。

私には、K君という、バイリンガルの若い友人がいます。彼はまだ中学生のときに父親と一緒にアメリカに渡り、父親が帰国したのちも一人残って、アトランタの高校、大学に進学し、実社会でいろいろな経験を積んで、数年前に帰国しました。

そのK君が、次のような興味深い話をしてくれました。


アメリカの学校では、「考えのまとめ方」や「ものの書き方・話し方」についての教育が徹底しています。たとえば、社会科の教科書なんかにも、付録に「考えの組み立て方」の図が付いているんですよ。


どうやら、アメリカでは、「このように考えるとよい。このように書き・話すとよい」というステロタイプの図式が普及しているようです。

そう言われてみると、『ニューズウィーク』の記事などを読むと、多くの記事に共通した「書き方の図式＝フレーム」があるような気がします。

この章では、アメリカの学校で教えている「書き方・話し方のフレーム」とはどういうものか、という話題を足がかりにして、スピーチの「本論部分」の組み立て方について、お話ししていきたいと思います。

ひとくちに「本論」と言っても、その組み立て方ひとつで、聞き手に及ぼす効果には大きな違いが生ずるからです。

「鳩山論文」はなぜ読まれたか？

ところで、鳩山首相が就任直前に書いた「私の政治哲学」という論文が英訳され、海外で大きな波紋を呼んだという出来事を、まだ覚えている方も多いと思います。もともとの論文は英訳すると５０００ワードにもなる長大なものでしたが、それを3分の1ほどに短縮し、再編集されたものがアメリカのメディアに公開されたのです。

この英訳論文が「ニューヨーク・タイムズ」のウェブサイトに掲載された経緯については、日米双方にいろいろな行き違いがあったようですが、結果的には、この論文を読んだアメリカの識者たちから、鳩山首相の対米政策に対する懸念の声が次々に上がりました。

この出来事に関して、こんなことを言った人がいます。「これまで日本の政治家の論文が、このように即座に大きな反響を引き起こした例はなかった。これは、アメリカ人が読めるように、論文の書き方のルールにのっとって巧みに書き直されていたためである」と。

つまり、アメリカ人の口に合うように味付けを変えたから読まれたのであり、もともとの5000ワードの論文だったら、そもそも読まれることもなかっただろうというのです。それは、単に長いからだけではありません。日本の雑誌のために書かれた論文は、序論が長く、結論を後半に持ち越す、いかにも日本式の組み立て方でした。しかし、アメリカで公表された英訳は、結論（主張）を真っ先に言い、そのあと根拠を述べる、という典型的なアメリカ式の「書き方」に転換されていたのです。

要するに、「アメリカの識者たちにもスンナリ読めた！」ということ自体が、す

で に〝事件〟だったというわけなのです。

結論を先に言う、ということに関して、こんなエピソードを読んだことがあります。

日本人の優秀なダンサーが、アメリカでオーディションを受けました。先に踊った人たちのダンスを見て、「これなら自分のほうが上だな」と思ったのですが、自己紹介のときに日本式に謙遜して、開口一番「皆さん、とてもお上手ですね!」と言ったところ、「そういう消極的な考え方の人は要りません!」と、その段階で失格になってしまったという話です。つまり、「でも、私には彼女らを上回る自信があります!」という結論部分まで聞いてもらえなかったのですね。

彼女は、「私には自信があります。私の踊りを見てください!」と堂々と結論部分だけを言えば、それでよかったのです。

ケネディもスピーチ下手だった！

ここまでお読みになった方は、こんな印象を持たれたのではないでしょうか。

「そうか、アメリカ人は自己アピールがうまいのだ。おまけに、学校で話し方の訓練も受けている。おそらくアメリカ人はみんなスピーチがうまいのだろう」

ところが、アメリカにはこんなジョークもあるのです。

「アメリカ人が最も怖がるものが2つある。1つ目は歯医者の治療。2つ目は大勢の人の前で話すこと！」

アメリカ人のスピーチと言えば、オバマ大統領のスピーチ上手には定評があります。歴代の大統領を見ても、ケネディ、レーガンなど傑出したスピーチの名手が目白押しです。日本の首相と比べて、アメリカの大統領たちははるかに雄弁に感じられます。ここらから、アメリカ人はスピーチがうまい、という神話が生まれたのかもしれません。

しかし、意外なことに、名手ケネディも最初はスピーチが苦手で苦労したそうです。そこで、彼はプロのトレーナーを雇って、日夜スピーチの練習に励み、その結果、歴代大統領の中でも傑出した演説家になったというのです。あの歴史に残る就任式の名演説を思うと、信じられないようなエピソードです。

いまや歴代最高のスピーカーとの呼び声が高いオバマ大統領も、初めのころは「経験に乏しく内容が薄い」と酷評された時期もあったのです。

ケネディやオバマのような名手ですら、たゆまぬ努力の結果すぐれた演説家になったのだ、というのは勇気づけられる話ではありませんか。

アメリカが「ものの書き方・話し方」についての教育に熱心なのは、実は、歯の治療と同じくらいスピーチを怖がる国民性というのが素地にあったのかもしれません。それに比べると、日本人はスピーチというものの存在を意識しないほど、自己表現の世界とは遠い所にいるように思います。

オバマの魔法を盗め！

アメリカが「書き方・話し方」の教育に熱心になったのは、1960年以降のことだったといいます。オバマ大統領は1961年生まれ。ジャカルタで幼少年時代を過ごしたのち、10歳のときにハワイに転居しています。ですから、オバマは新しい教育法の恩恵を受けた初めての大統領といえるのです。

若いときに受けた教育は、一生の素地になります。オバマは大統領選挙で共和党のマケイン候補と争いましたが、1936年生まれのマケインとの「素地」の差は、公開討論でのやりとりで一目瞭然となりました。

2008年9月26日にテネシー州のベルトント大学で行なわれた、第1回目のディベートを見てみましょう。この回の討論のテーマは「外交政策と国家安全対策」でした。ふたりの候補者はコイン投げで先攻後攻を決め、最初にオバマ候補が2分間の「立論」を行ないました。「立論」というのは、与えられたテーマに関して、お互いの基本的なスタンスを示し合うステップです。

オバマの「立論」は大略、次のようなものでした。

「未曾有の金融危機を乗り越えるために、自分はすでに複数の方策を提示している。第1は……、第2は……、第3は……、第4は……である。これらの方策は、ブッシュ大統領の8年間にわたる経済政策の失敗への最後通牒なのだ」

見事に論理的に整理されており、しかも、たった2分間のスピーチにもかかわらず、最初に話の道筋を示し、安心して最後まで聞くことができる配慮を払っています。

これに対し、マケイン候補の2分間はどうだったでしょう。冒頭の言葉をざっと引用するだけで、だいたいの雰囲気はおわかりいただけると思います。

「私は最近いろいろなことに対して気分が落ち込んでいます。困難に直面しているアメリカ国民もそうでしょう。でも、今夜はちょっと気分が明るいのです。なぜ明るいのかお話ししましょう。私たちが今夜このディベートに集まり、本当に久しぶりに共和党と民主党が一緒に座り、財政危機について、ともに解決法を見つけようとしているからです」（『**考える・まとめる・表現する**』大庭コテイさち子著、NTT出版刊の訳を参考にさせていただきました）。

理路整然としたオバマ候補の立論と、なんという違いでしょう。これ以上の引用は冗長になるので避けますが、要するにマケイン候補の話し方は多分に情緒的で、話があちこちに飛ぶ、行き当たりばったりなものだったのです。

この2分間の、いや、その前半の1分間のスピーチを聞いただけで、共和党支持者の中にもマケインの落選を予感した人が相当いたのではないでしょうか。両者の戦いは、この最初の1分間で勝敗が決していたのだ、と言っても言いすぎではありません。まことに「1分間」恐るべしです。

メッセージのデザイン

では、1960年代からアメリカが力を入れたという「ものの書き方・話し方」（考え方のフレーム）の中身とは、どのようなものだったのでしょう。

現在、この分野の第一人者とも言えるイェール大学のヴァンス教授の『**英語で考えるスピーキング**』（ダイヤモンド社刊）という本を参考にして、ご説明しましょう。

ヴァンス教授は、自分の考えを上手に相手に伝えるためには、「メッセージをデザイン」する必要があると説きます。そのデザインは、次のように、いたって簡単なものです。

1．**主張**（CLAIM）
2．**理由**（REASON）……複数の場合が多い
3．**実例**（EXAMPLE）……複数の場合が多い

1の「**主張**」というのは、自分の考えの「結論部分」です。「～だと思う」とか「～をしたい」とか「～をしてほしい」などの主張です。

2の「**理由**」は自分がそう主張する根拠が何かを示します。根拠のない主張は、ただの欲求の表明であり、メッセージにはなりません。

3の「**実例**」は、2で示した理由を例証する実例です。実例のない理由は、ただの机上の空論と取られても仕方ありませんが、きちんとした実例があれば「理由」は説得力を持ち、その結果「主張」は磐石のものとなります。

メッセージ・デザインの公式

ヴァンス教授は、このような三段構えのメッセージ・デザインを、次のように公式化しています。

公式：I think X, because Y. For example Z.

あえて訳せば、「私はこう思う。その理由は……。実例をあげると……」という意味になります。

このような立体的な構成でスピーチを行なえば、これを反論するためには、「理由」

をくつがえすために、別の「実例」を示さなくてはならなくなります。

もしも「理由」が3つあり、「実例」も3つ示されている場合には、その一つひとつをくつがえし、いちいち別の「実例」を示さなくてはならないので、反論が非常に難しくなります。

先のオバマ候補の「立論」の場合は、「主張」の部分が「複数の方策」でしたが、その中身を具体的に4つあげています。

これに対し、マケイン候補は、「今日、この場にみんなが集まったのは意味があることだ」と非常に抽象的な表現で「立論」を終えています。悪く言えば、これでは何のための「立論」なのか理解していない、と見られても仕方ありません。

この本の最初のほうで、**どうしても伝えたい「話の肝」を10秒で言えるようにしよう、と書きました。これは言い方を変えると、自分の主張（結論）を簡潔に言えるようでなくては、効果的なスピーチはできないということです。しかも、その結**

論部分（話の肝）をスピーチの冒頭に置き、残りの時間はその理由や実例を示すことに費やす、というのがアメリカ式のスピーチ法なのです。

これに対し、いつまでたっても結論が見えない日本式のスピーチ法（書き方）は、そもそも聞かれない（読まれない）代物となってしまうのです。日本には伝統的に「起承転結」という構成法があり、「結」を最後まで温存する文化的背景があります。しかし、これからのスピーチは、冒頭で結論をしっかり言う、そして根拠と実例をしっかり示す、というやり方が望ましいと思います。とくに欧米の人を相手にするときは、この構成法が必須と考えてください。

「because」の言える人になろう

だいぶ前のことになりますが、イギリスのサッチャー元首相が来日した時、〝日本における初めてのディベート番組〟という鳴り物入りでNHKがテレビ討論会を企画し、その様子は、1982年9月21日に『挑戦するサッチャー』というタイトルで放映されました。

この夜のディベート番組は、サッチャーさんのきわめて論理的な話し方に押しまくられて日本勢の完敗に終わりましたが、この完敗の様子を私なりに点数で表すと、実に「24対2」あるいは「61対4」という大差をつけられていたことになります。

この数字の根拠をこれから示しましょう。

まず第一に、「24対2」というのは、サッチャーさんと日本勢が発したbecauseの回数なのです。論理的な話し方をしようとすれば、どうしてもbecauseという言葉をたくさん使うことになります。この夜のサッチャーさんの発言時間は全部で30分くらいと概算できますから、1分に1回に近い頻度でbecauseという言葉を口にしていたことになります。対する日本勢はたったの2回。becauseは「根拠のある話」をする時の必須語です。とすると、becauseをほとんど口にしなかった日本勢は、しっかりした根拠を示さずに論を張っていたということになるのです。

第二に、「61対4」というスコアは何かと言いますと、言葉の範囲を少し広げて、because, therefore(であるから), I think/believe, of courseの総数を比較した数字です。つまり、いかに信念をもって論理的に話していたかの指標となる数字が「61対4」だったというわけです。サッチャーさんは1分間に2回は、これらの説得的な言葉を繰り出して話していたことになります。

私が言いたいのは、「**根拠のある話し方をしよう!**」ということです。「そんなことを言うのは、どうして?」と聞かれた時に、ちゃんと答えられるような話し方を心がけたいもの。ひとことで言えば、「because の言える話をしよう!」ということになるのです。

根拠のある話し方をしよう!

◆サッチャー元首相の日本における初めてのテレビ討論会

24 対 2

サッチャーさんと日本勢が発した because の回数
サッチャーさんの発言時間は約 30 分。1 分に 1 回に近い頻度で because と言った。対する日本勢はたったの 2 回。

61 対 4

because, therefore（であるから）, I think/believe, of course の総数を比較した数字。サッチャーさんは 1 分間に 2 回。

「そんなことを言うのは、どうして?」と聞かれた時に、ちゃんと答えられる話し方を心がける。

私の好きな〈スピーチに役立つ〉英語学習書

この章を閉じる前に、ちょっとだけ英語の話をします。

私は英語関連の本を90冊ほど書いてきました。そんな私が、どんな英語本を愛好しているか、という話です。

結論から先に言いますと、私が常に座右に置いて、暇さえあれば音読のテキストにしているのは、『**USA TODAY「発言」する英語**』（松本茂編著、SSコミュニケーションズ刊）という本です。これは、1982年に創刊されたアメリカで唯一の一般全国紙「USA TODAY」の「読者の声（VOICES）」欄に寄せられた読者からの発言をまとめた本です。

なぜこの本を愛好しているのかというと、アメリカ人の生の声がそのまま載せられているので、臨場感があるというのが第一の理由です。さらに、どれも短いコメントなので、非常に音読に適した教材だというのが第二の理由です。

一例をあげましょう。「非合法移民は問題だと思いますか?」という問いに対する読者からの投稿の例です（同書の日本語訳でお見せします）。

「ノー。この国では実際、働きたい人々を求める需要があるし、働きたいと思う人々が移民である場合がよくあるからね。私は田舎に住んでいるが、農家の人たちは本当に人手を必要としているよ。私には制裁措置が当局の目的を達成できるか疑問だね、実行に移せるのかどうかさえ危ない」

目ざとい読者は、この意見が、ヴァンス教授の「メッセージ・デザイン」に沿って書かれていることを見抜かれたと思います。つまり……

主張：ノー。
理由：アメリカには労働需要があり、移民は働きたがっている。
実例：近隣の農家では本当に労働者を必要としている。

そして、もっと目ざとい読者は、私がこの項を「メッセージ・デザイン」に沿って書いたことも見抜いておられると思います。

結論：私は『USA TODAY「発言」する英語』を愛好している。
理由：臨場感がある生の英語で、音読にも向いている。
実例：非合法移民に関する読者の意見。

いかがでしょう。《主張（結論）——理由——実例》という三段がまえの構成がいかに強力なものか、これで少しはおわかりいただけたでしょうか。

第7章 名句を使ったスピーチ実例集

応用範囲が広い名句を利用したスピーチの例

本書を貫くテーマはふたつあります。第1は「1分間のスピーチ」、第2は「名句を利用したスピーチ」です。この章では、2番目のテーマについて考えます。とはいえ、ただ考えただけでは説得力がないので、実際に「名句を利用したスピーチ」のサンプルを数多くお見せする予定です。まずは結婚式のスピーチの場合を例にして、どんなときに「名句の引用」が役立つのか考えてみることにしましょう。

結婚式でスピーチを頼まれた場合、話題の選び方として、大きく分けると次の4種類が考えられます。

①結婚する本人たちのエピソード
②スピーチする人のエピソード
③第三者のエピソード

④名句やことわざの引用

親しい友人なら①を選び、他の人の知らない二人のなれそめの話などをすると効果的です。②の、自分の話を引き合いに出す場合は、自慢話にならぬよう注意が必要です。③は誰もが知っている有名人のエピソードを持ち出す場合ですが、よほど面白い話でないと場をシラケさせる恐れがあります。最悪なのは、本人たちと何の関係もない話を延々と（得々と）続ける場合です。私が実際に聞いた例では、新郎の勤める会社の社長さんが、鶴の夫婦の悲話物語を10分以上披露した例がありました（正直、勘弁してほしかった）。

もしもスピーチを短く切り上げようと思い、①～③の話題を思いつかない場合、最後の手段として残るのが、④の名句やことわざを引用する方法です。本人たちを直接知らない人が頼まれてスピーチをする場合など、③か④しか選択肢がない場合もあります。

では、さっそくですが、ふんだんに名句を引用したスピーチの例をお目にかけることにしましょう。

聞く人が興味を持つ名句を使ったスピーチ例

「問うことの大事さ」というテーマで、朝礼のスピーチをしたと想定してください。いくつかの名句の引用と有名人のエピソードを交えて、話にリアリティを持たせている点にご注目ください。

今日は、「問うことの大事さ」というテーマでお話ししたいと思います。

「問うこと」、あるいは質問することの重要性に関しては、多くの人が名言を残しています。たとえば、アインシュタインは次のように言っています。

「大切なのは、問うのをやめないことだ」

答えを出すことも重要ですが、それ以上に問いを発することが重要です。なぜなら、答えというのは、問いがあって初めて成り立つものだからです。いかに問うかによって、未知の領域が目前に開け、新しい視点が見えてくるのです。

フランスの哲学者、ヴォルテールも、「人間は、その答えではなく、問いによって判断すべきだ」という言葉を残しています。

問うことの重要性を示すエピソードをひとつご紹介しましょう。**天然痘の予防法を発見したジェンナーの例です。彼は、「なぜ人間は天然痘にかかるのか」という問題を、「なぜ乳絞りの女たちは天然痘にかからないのか」という疑問に置き換えて、牛痘による天然痘の予防という大発見をしました。**問い方を変えると、今までとまったく違う答えが見えてくるという典型的な例ですね。

このように、自分なりのオリジナルの疑問を持つと、他の人々の思いつかなかった発見につながる道が開かれることがよくあるのです。どんなに小さな疑問でもいいから、自分オリジナルな「問い」を持つことから始めようではありませんか。

今日は、「問うことの大事さ」あるいは、「自分なりの視点を持つことの重要さ」というテーマでお話をさせていただきました。

このスピーチでは、アインシュタインとヴォルテールの名句を引き合いに出し、天然痘の予防法を発見したジェンナーのエピソードを紹介して、説得力を増す努力をしています。

名句やことわざの引用は、こんなシチュエーションでも役に立つ、という例をもうひとつお見せしましょう。

女子高校生の心憎いお別れスピーチ

次にお見せするのは、短期間の交換留学生で東欧を訪れた女子高校生が行なった、送別のスピーチです。情にまかせたお別れの挨拶ですが、ことわざの引用が、かろうじてこのスピーチを救っています。さっそくご覧ください。

今日は、私のために集まってくれて、すごく感激しています。この学校にいたのはたった3週間だったけど、今は、ここが自分の家みたいに居心地いいです。最初は、いろいろ日本と違っていて、早く帰りたいなって思いました。でも、何日かするうちに、だんだん話ができるようになってきたら、すごいいい人ばっかりで……正直、今は、帰りたくない。もっとここにいたいって気持ちでいっぱいです。

昨日、ホストファミリーのお父さんに、**チェコのことわざを教えてもらいました。それは、「神は一人で十分だが、友達は一人では十分でない」というものです。**日本には、こんな素敵なことわざはありません。

私はここに来て、いっぱい友達ができました。日本にいるときより、たくさんの友達ができたって気がします。
本当は、帰りたくないけれど、でも、もう帰らなくてはなりません。これからも、みんな、私のことを忘れないでください。私もきっとみんなのこと忘れません。いつか必ずここに戻ってきます。それまで、さようなら。こんなに親切にしてくれて、ほんとに、ありがとう!

若さにまかせたスピーチですが、「神は一人で十分だが、友達は一人では十分でない」ということわざの引用によって、話が格段に引き締まり、聞き手の心に訴えるスピーチになっています。現地のことわざを引用することが、聞く人たちへのサービスにもなっています。このように、たとえ直情的なスピーチでも、ことわざや名句を引用することにより、スパイスを効かせ、話にメリハリを加えることができるのです。

固有名詞パワーの応用法

なぜ、名句は話を引き締めるのでしょう。私はこんなふうに考えます。

固有名詞（人名や地名）には特殊なパワーがあります。「ある科学者」と言うより「アインシュタイン」と言ったほうが、10倍、あるいは100倍のインパクトがあるのです。したがって、固有名詞とセットになった名句は、それを引き合いに出すだけで、スピーチにパワーを与え、聞く人にインパクトを与えます。

固有名詞は、歴史上の偉人や著名人とは限りません。みんなが知っているテレビ・タレントの名前も、聞く人に共感を与え、リラックスさせる効果があります。

たとえば、明石家さんまさんの座右の銘は「生きているだけで丸もうけ」であり、愛娘IMALUさんの本名「いまる」もここから来ている、というような話も、固有名詞がたくさん出てくるだけに、いやでも聞く人の耳を引き付けます。

スポーツ選手の名前も、たいへんインパクトがあります。たとえば、ゴルフについて何か話をしようと思えば、誰もが知る名プレーヤーの名前を出せば、聴衆は「話を聞き漏らすまい」と耳をそばだてます。それまでは単なる話だったのが、一瞬にしてネタに変わるのです。

タイガー・ウッズなら、「勝てないと思った試合には出ない（勝てると思うから出るのだ）」という言葉に彼の性格がよく表れています。また、往年の名ゴルファー、アーノルド・パーマーの次の言葉なども聞く人をうならせます。

「ホールインワンは、狙ってできるものではない。しかし、狙わなければ決してできない」

というわけで、あなたが突然、何の面識もない人々に話さなくてはならなくなったような場合、誰もが知る固有名詞を引き合いに出すのは、なかなか賢い戦略と言えるのです。あなたを知る人も、「この人はこんなことを知っているのか」とあなたを見直して一目置いてくれるかもしれません。

話の中に固有名詞や名句を使うのも、「プレゼントの精神」の表れなのです。何を話せば相手が喜ぶか（退屈しないか）を考えた結果が、固有名詞や名句だからです。

名句を使ったスピーチの実例集

ここからは、名句を使ったスピーチの実例を、いろいろお見せしていきたいと思います。これらに共通する特徴は、①名句やことわざを使っている、②どうしても伝えたいことがある、という2点です。

シチュエーションは、新年会、忘年会、自己紹介、他者紹介、結婚式のスピーチ、送別の辞、弔辞など、多岐にわたっています。すべてを「1分間スピーチ」に統一しようと思いましたが、どうしても伝えたい内容があって、しかも名句の引用を含む、となると1分では収まらないスピーチも作らざるを得ませんでした。

というわけで、全体を3つに分け、A「1分間スピーチ」、B「1分を少し超えるスピーチ」、C「少し長めのスピーチ」、の順でお見せしていきます。

最後の「少し長めのスピーチ」は、2分以上3分未満のスピーチです。AとBを見たあとですと、とても長く感じられることでしょう。しかし、それでも3分以内には収まっています。**世の中は、平気で5分、10分という時間を食い尽くすような冗長なスピーチであふれています。それに比べ、「3分でも長いな」という印象を持ってい**

ただければ、逆に、私の目的は果たしたことになります。

さて、よくある「スピーチ実例集」は、型にはまった行儀のいいスピーチが多い割に、リアリティに乏しく、実際の応用には向かない「お手本集」になりがちです。そこで、これからお見せする実例集は、「このことだけは伝えたい」という心情にあふれる、臨場感のある実例を工夫しました。さまざまなシチュエーションで、いかに心情を吐露し、なおかつ名句を使ってスピーチに厚みを出しているか、というあたりを参考にしていただければ、と思います。訥弁の人は訥弁ふうに、あがっている人はその雰囲気を出すように書いてあります。これらの例を見て、「ああ、こんな感じでいいんだ」と納得していただければ幸いです。

A 名句で聞かせる「1分間スピーチ」

❶新年の挨拶（社長など幹部の挨拶）

明けましておめでとうございます。皆さん、今年もどうか、よろしくお願いいたします。

昨年度、わが社は、生産ラインの充実、衛生管理の一層の徹底など、努力に努力を重ね、その結果として販売量の2割増という大きな成果を挙げました。しかしながら、折からの不況に加え、プライベート・ブランドの台頭など、今年度もさまざまな苦難が予想されます。ここは皆さん、わが社の商品の納豆のごとく、「ネバー・ギブ・アップ」の精神で、がんばっていきたいと思います。

フランスの細菌学者、パスツールの言葉に、こういうのがあります。

「私がゴールにたどり着いた秘訣を教えよう。私の長所は、唯一粘り強さにあるということだ」

粘る、という言葉が入っているのでご紹介する、というのもあるのですが、この「粘り強さ」というのは人にとって十分長所となりうる、と私は思うのです。

わが社も、粘り強く品質管理を徹底し、よりうまい納豆を食卓に届けることを目標にして、今年もしっかり成果を上げていきたいと思います。皆さんも、わが社の納豆をたくさん食べて、元気いっぱい、今年もがんばってください。

❷忘年会の挨拶（社員へのねぎらい）

皆さん、今年一年、本当にご苦労様でした。今年も無事、仕事を納め、忘年会を迎えることができました。これもひとえに、皆様方のがんばりの賜物と感謝しております。

今年は、わが社は4月に社名変更、引き続いて組織改変と、多難な一年でありました。しかし、その労苦に報いて余りある成果が、この秋以降の業績には現れています。

アメリカのオバマ大統領は、「チェンジ」を合言葉に選挙戦を戦い、圧倒的な勝利をおさめました。わが社も、同じく「チェンジ」、すなわち「変化」を合言葉に、今年度は戦ってきたように思います。

マイクロソフトの創業者ビル・ゲイツは、変化についてこのように言っています。

「われわれはいつも、この先2年間に起きるであろう変化を過大評価しすぎる。そして、この先10年間に起きる変化を過小評価しすぎる。慢心してはならない」

われわれの「チェンジ」は、まだ端緒についたばかりです。来年も、その後も、変化に対処し続ける柔軟性を持って、慢心することなく、努力していきたいと思います。

今日は忘年会です。来年のことは年頭に改めてお話しするとして、存分に、楽しみ、一年の垢を落とし、疲れを癒していただきたいと思います。一年間、ご苦労様でした。

③自己紹介のスピーチ（人前で話すのが苦手と思っている人のスピーチ）

はじめまして、Aと申します。えー、自己紹介を、ということですが、私はこういうのが苦手でして、今も冷や汗をかいております。

よく、自己紹介で、「自分の長所をあげてください」なんていうのがありますが、こうして人前に立っているだけで、私の場合、欠点ばかりが丸見えなんじゃないかと思います。自分で考えても、ご覧の通りの口下手ですし、欠点のほうはありすぎて困るくらいです。無理やり長所をあげれば、真っ正直な人間である、ということになるのでしょうか。

聞くところによると、リンカーンの言葉に、こういうのがあるそうです。

「私の経験によれば、欠点のない者は、取り柄もほとんどない」

私のように欠点だらけの人間は、こう言ってもらうとすごく助かります。と言っても、私の欠点がすぐに取り柄に変わる、というわけではありません。欠点は欠点として、お付き合いいただければありがたいなあと思う次第です。

まとまらない話ですみません。今後とも、どうかよろしくお願いします。

❹他己紹介のスピーチ（部長が新入社員を紹介）

皆さん、ちょっといいですか？　ちょっと集まって……。（間）

えー、今日からうちで働いてもらうことになりました、E君です。E君には、今後の取引先として有望なアフリカ地域の担当として、今日からがんばってもらいます。

彼は、フランスに4年間留学経験があり、そのあと1年ほどセネガルで青年海外協力隊として活躍した、という異色の経歴の持ち主です。語学が堪能なのはもちろん、広い視野で物事を判断できる人材ということで、わが社に来ていただいた人です。すぐ慣れるとは思いますが、最初のうちは、皆さん、フォローよろしく。

ちなみに、「何事も小さな仕事に分ければ、取り立てて難しいことではなくなる」というヘンリー・フォードの言葉が、今月の標語です。仕事を分け合うことをいとわずに、皆で能率を上げていきたいと思います。E君が1日も早く、われわれの職場に溶け込み、思う存分活躍されることを願っております。

あ、最後にもうひとつ。E君は、ご覧の通りのイケメンで、いろいろ期待する向きもあるかもしれませんが、かわいい奥さんと娘さんがおられるそうです。

では、彼からもひとこと挨拶してもらいましょう。盛大な拍手で迎えてください。

⑤店長スピーチ（新規開店日の朝礼）

おはようございます。本日、いよいよ当電気J駅前店が開店いたします。ご存知の通り、この地域はライバルのK店が数年前から営業しており、今日のこちらの開店セールにぶつけて、大創業祭を先週から開催しています。

この開店セールは、最初から厳しい戦いになると思います。品揃え、価格、何をとっても当電気が勝っていたとしても、K店にはこの地域での実績があります。

我々がこの開店セールで成果を上げるために最も必要なことは、今までもお話ししてきましたが、一にも二にも接客態度だと確信しております。お客様に気持ちよく買い物していただくために、心をこめて丁寧に、そして迅速に応対してください。

マイクロソフト社の創業者ビル・ゲイツは、「最も不機嫌な顧客は、そこから学ぶことのできる貴重な存在である」と言い切っています。お客様のどんな要望でも、全力でお応えするという気持ちを持ってください。勝負は皆さん方のがんばりにかかっています。

開店まであと1時間です。ミスのないよう、今一度確認、点検作業をよろしくお願いします。では、解散！

⑥店長スピーチ（閉店する店舗の最終日）

おはようございます。いよいよ今日は、この駅前店の最後の営業日です。この5年間、皆さんには、実によくがんばっていただきました。閉店が決まってから、たくさんのお客様からの励ましや、残念だという声もいただきました。

思えば3年前、このような一等地に店を構えて、果たしてやっていけるのだろうか、という不安が私の中には強くありました。しかし、そんなとき、本で読んだある言葉が私を支えてくれました。それは、「**道のあるところを進むな。道のないところを進み、道を残すのだ！**」という言葉です。

残念ながら、この店は今日で閉めますが、私はこの地に店を構えたことは、決して失敗ではなかったと思っています。当初は難しいと思われた条件をすべてクリアし、地域の皆さんにも愛されてきました。まさに、「道のないところに道をつけた」という思いであります。ここで培ったノウハウは、決して無駄にはしません。

最後に、皆さん、今日まで私を支えてくださって、本当にありがとう。そして、今日一日、悔いのないよう、お客様に喜ばれるよう、笑顔を絶やさずに働いてください。今日が3年間の総決算の日と思ってがんばってください。

B 名句で聞かせる「1分を少し超えるスピーチ」

❶朝礼スピーチ（工場長から）

おはようございます。今日は、「夢を実現する」というテーマでお話をしたいと思います。

皆さんは「夢」という言葉にどんな印象をお持ちでしょうか。来るべき未来の設計図、もしくは、かなうことを願っているけれども、今はまだ手の届かない望みでしょうか。

夢の王国ディズニーランドの生みの親であるウォルト・ディズニーが、こんなことを言っています。

「追い求める勇気があれば、すべての夢はかなう」

数々の偉業を成し遂げたディズニーは、実は大変な夢想家でした。彼が次々に考え出すアイディアは、事業として成功するまでに多くの困難な壁に突き当たりました。最大の壁は、ズバリ資金でした。彼の言葉に、「夢の担保価値はほとんどゼロだ」というのもあるほどです。

しかし、それを実現する鍵もディズニーは知っていました。それが「追い求める勇気」ですね。どんなことでもあきらめずに努力をする、という意味では、おそらくディズニーは夢想家である以上に努力家だったのでしょう。

「夢」を持つことは、未来に向かって投資をするようなものです。そのままでは実現が難しければ、そこに「目標」という要素を加えるのはどうでしょうか。

アメリカの作家、ヒルの言葉に、こういうのがあります。

「**目標は、締め切りのある夢だ**」

現在、皆さんがお持ちの夢、もしかしたら、今は漠然としているかもしれません。しかし、「追い求める勇気」をもって、明確な「締め切り」を作ることで、夢はぐっと実現に近づくのではないでしょうか。

本日は「夢を実現する」というテーマでお話をさせていただきました。

❷受賞祝賀会のお礼のスピーチ（受賞した研究者の挨拶）

皆様、本日はお忙しいところ、私のためにかくも盛大な祝いの宴を開いていただき、本当に、感謝の言葉もございません。また、Uさん、Kさんをはじめとして、皆様から温かいお祝いのお言葉を頂き、感激の至りでございます。

私のような、不器用な人間が、このような身に余る賞をいただくとは、夢にも思っておりませんでした。私は、皆さんご存知の通り、小回りの利く人間ではありません。世の中には、もっと才気あふれる人がたくさんいらっしゃる。私は自分のできることを一生懸命するしかない、とずっと心に決めてきました。

私がそう強く思うようになったのは、若いときに、**発明王エジソンの、「ダイヤモンドは、一生懸命仕事をした一片の石炭である」という言葉に出会ったからです。**

華やかな成果と縁のなかった私の研究生活に、これほどすとんと来る言葉はありませんでした。ずっと、心に抱いてきたこの言葉が、今日、まさに現実のものとなったように私は思います。

とはいえ、私は相変わらず、真っ黒な石炭です。これからも今までどおり、こつこつとマイペースでできることを続けるしか、能がないと思っております。どうか皆様、これからもよろしくお付き合い願います。

今日のこの喜びは、私の人生に飾られた、まさにダイヤモンドです。一生の宝物です。今日まで私を支え、励ましてくださった皆様のご厚情に感謝すると共に、最後になりましたが、こんな私に文句も言わずずっと共に歩んできてくれた妻にも、お礼を言いたいと思います。

❸後輩の結婚式のスピーチ（同僚による挨拶）

E子さん、Cさん、ご両家の皆様、本日はまことにおめでとうございます。

私は、E子さんの同僚で、3年間机を並べて仕事をしてきたDと申します。今日、この席に呼んでいただいたこと、そして、こうしてお二人にお祝いの気持ちを伝えることができて、私、本当に感謝しております。こんなに美しい、E子さんの花嫁姿を見ることができて、もう、失礼かもしれませんが、実の姉のような気持ちで、先ほどから、胸がいっぱいです。

E子さんと私は、E子さんが入社したときから、馬が合うと申しましょうか、すぐに仲良くなって……。この3年間、本当に仲良くしていただきました。E子さんとCさんのことも、おそらくご両親よりは私のほうが先にお話を聞いたのではないか、と思います。私にとっては、妹のようであったE子さんが、こうして今日、花嫁となられて、しかももう、お子さんまで授かっていると言うのは、うれしいと同時になんだか少し寂しいような、取り残されたような気持ちにすらなってしまいます。

お二人には、本当に幸せになっていただきたいので、余計なことかもしれませんが、新郎のCさんに、お贈りしたい言葉があります。えっと、不勉強で、どこの方かはわからないのですが、**セオドア・ヘスバーグという人の言葉**だそうです。

「父親が子供たちのためにできる最も大事なことは、彼らの母親を愛することである」

Cさん、どうか、E子さんを、いつまでもいつまでも愛して、幸せにしてあげてください。おなかの中の、お二人のベビーに代わって、私からお願いいたします。

今日は本当におめでとうございます。

Ⓒ 名句で聞かせる「少し長め（2分〜3分）のスピーチ」

❶入社式のスピーチ（社長のあいさつ）

新入社員の皆さん、おはようございます。今日から、皆さんはわが社の社員であります。わが社のために共に戦う、戦士であります。ご存知の通り、現代は厳しい競争社会です。わが社も業界において生き残りをかけた戦いを、今、まさに行なっているのであります。皆さん一人ひとりの力が、明日のわが社を支えるのです。どうか、存分に能力を発揮していただきたい。

とはいえ、皆さんの心の中には、少しばかり仕事に対する不安もあるのではないでしょうか。それは、いたって当たり前のことだと私は考えます。ですから本日は、皆さんの入社のはなむけとして、ひとつ、「失敗」に関してお話をしたいと思います。

「失敗」について、発明王として有名なあのエジソンにこんなエピソードがあります。エジソンは電球を発明するまでに、いろいろな材料で試行錯誤を繰り返し、一万回も失敗したそうです。**あるとき、インタビュアーがエジソンに、「一万回も失敗された**

そうですが、苦労されたんですね」と聞きました。するとエジソンは、こう答えたと言うのです。「失敗ではありません。うまくいかない方法を一万通り発見しただけですよ」。たったひとつの成功のための、一万回の失敗と考えるか、それとも一万回の試行錯誤の成果と見るか、ということですね。

同じようなエピソードが、実はアインシュタイン博士にもあります。博士がある実験に失敗したとき、弟子が「実験は失敗でしたね」と話しかけたそうです。すると博士はこう答えたと言います。「**この方法ではうまくいかないことがわかったのだから、この実験は成功だよ**」。

新入社員の皆さん、どうか失敗を恐れないでいただきたい。失敗を恐れるよりは、そこから学んで前に進んでいくパワーこそ、わが社が皆さんに期待している力です。今日から皆さんは、社会人として、わが社の社員として、新しい道を歩き始めたわけです。つまずくこともあるでしょう。転ぶこともあるかもしれません。けれども、そこで、今、この時間を共有している仲間たちがいることを忘れないでいただきたい。「失敗を恐れない勇気」、「再び前進するパワー」を分け合って、成功の未来を実現させてください。大いに期待しています。

❷新任の挨拶（病院の外科部長の就任スピーチ）

ご指名により、ご挨拶させていただきます。皆さんご存知の通り、前任のY先生の退官により、今回の部長推挙選は大変な混戦となりました。ベテランのS先生、J先生をはじめとして、この方こそ適任だという方がたくさんいらっしゃった。その中で、私のような若輩者がご指名を受けたことは、大変光栄であると同時に、大任を負う責任感で身震いする思いです。

しかしながら、私が指名されたそのいちばんの理由は、積年の問題事案に対しての、私の具体的なアプローチが評価された結果であると考えております。

さて、今後の予定として、私は当病院の抱える問題のうち二点をはじめに解決したいと考えています。まず、第一は、コストの削減です。コストといえば普通は金銭的な問題を指しますが、私は、ここで声を大にして言いたいのです。いちばん無駄を抱えているのは、時間であり、人的資源です。私の提唱する各科の横のつながりを強化する新しいネットワークの推進は、この、時間と人材の無駄を著しく軽減するものです。とりあえず、私はここから手をつけて行きたいと考えております。

第二に、人材の育成に力を入れたいと思っています。**アメリカの弁護士、ラルフ・**

ネーダーの言葉に、こういうのがあります。

「リーダーの仕事は、信奉者を増やすことではなく、リーダーを増やすことだ」

私の今の気持ちをこれほど的確に表している言葉はないと思います。私は皆さんによってリーダーに選ばれたわけですが、私だけでは改革を推進していくことはできません。より多くのリーダーが必要であり、多くのリーダーが生まれることによって、より良い改革が実現するのです。われこそは、と思う人がいれば歓迎します。この病院を利用者にとってリーズナブルな、適正な医療を安心して受けられる医療機関に成長させていこうではありませんか。

少々生意気なことを申しましたが、皆さんのご協力がなければ、私には何もできない、これが事実だと思います。どうか、当病院をよりよくするため、ご理解、ご協力をお願いいたします。

③結婚式のスピーチ（上司による挨拶）

M家、J家の皆様、本日はまことにおめでとうございます。かように盛大なご婚儀にお招きいただき、光栄に存じます。新婦、M美さんの上司として、一言お祝いを申し上げさせていただきます。

M美さんは、入社して4年の間、まじめな仕事ぶりで、実に細やかな気配りのできる方として、社内だけではなく、社外からもたびたびお褒めに預かっている、わが社自慢の社員であります。このたび、ご本人からおめでたいお話を伺いましたときも、お相手がB社のKさんと聞いて、なるほど、と納得したわけであります。B社の方にはたびたびわが社に来ていただいておりました。お二人が出会われたのも、そういう機会であったことと思います。Kさんは行動力のあるたくましい青年、とお聞きしております。心優しいM美さんと力を合わせて、ぜひとも幸せなご家庭をつくっていただきたいと思います。

さて、先日お二人とお話をさせていただいたときに、Kさんはラガーマンだと伺いました。実は私も、かつてラグビーに熱中していたことがございまして、Kさんとはすっかりその話で意気投合してしまいました。ご存知と思いますが、ラグビーはボールを後ろにパスする、少々変わった球技であります。ともに並んで走りながら、相手を信頼してパスを出す、これはまさに、夫婦の呼吸にも似ているのではないかと私は思います。**あるラガーマンが、こんなことを言っています。**

「ラグビー全体に言える基本は、良いコンディションを保っておくことである。コンディションが悪ければ技術はほとんど役に立たない」

この言葉は、人生にも、結婚生活にも当てはまると思います。Kさん、M美さん、お二人には、良いコンディションを保って、お互いに信頼しつつパスを出し合える、そんなご家庭を築いていただきたい、と思います。どうかいつまでもお幸せに。

④追悼会のスピーチ（上司による弔辞）

M君、私よりもお若いあなたが、こんなに早く逝ってしまわれるとは、夢にも思いませんでした。1年前、あなたが病気のために職場を離れられたときも、すぐに復帰なさることを信じておりました。あなたは病床からも、次々に新しいアイデアをメールしてくださいましたね。こうしてあなたのお写真の前に立っていると、相談したかったこと、話し合いたかったことが、次々に浮かんできて、時間がこんなにも迫っていたことが悔やまれてなりません。

私は、あなたのように才能あふれる方は、神に愛されて長く幸せであるものと思い込んでおりました。思い返せば、ともに仕事をしたこの十数年、私はいつも、あなたの素晴らしい創造力と知識に支えられてきたのです。

あなたが敬愛してやまない科学者、**アインシュタイン博士の、「人間の真価は、おもに自己からの解放の度合いによって決まる」という言葉**を覚えていらっしゃいますか？　私から見ると、あなたは自分という小さな枠を超えて、広い世界を持った人でした。アインシュタイン博士はまた、「**知識よりもイマジネーションのほうが大事だ**」とも言っておられます。どちらの言葉も、まるであなたそのものを表しているように、私には感じられてなりません。

　この場を借りて、もうひとつあなたにご報告したいことがあります。あなたが職場を去られてから、残された我々は、今日まで全力でがんばってきました。そして、あなたの手がけられていたプロジェクトのいくつかは、実現のめどがつきました。あなたに教えを乞うた後輩たちの活躍は目覚ましいものがあります。あなたの人を育てる力が、こうしてしっかり結果を出しているのです。

　あなたのまかれた種をしっかり育てていくこと、これが、残された者の最大の使命だと思っています。M君、安らかに、お休みください。ご冥福をお祈りいたします。

《巻末付録》スピーチに使える名言・名句

あ行

【愛】

- 愛することには、愛されること以上の喜びがある。（イギリスのことわざ）
- 愛が大きいと、言葉は少なくなる。（イギリスのことわざ）
- 相手の話に耳を傾ける、これが愛の第一の義務だ。（ポール・ティリッヒ）
- 愛することの反対は、憎み合うことではありません。無関心になることです。（永六輔）

【アイデア】

- アイデアの値打ちは、それを活用することにある。（エジソン）
- アイデアを思いつくから楽しくなるのではない。楽しいからアイデアを思いつくのだ。（ジャック・フォスター）

【握手】

- こぶしを固めたまま握手はできません。（インディラ・ガンジー）

【意見】

- 誰もが同じ考え方をするのは理想的なことではない。みんなの意見が違うからこそ、競馬も成り立つのだ。（マーク・トウェイン）

【老い】

● まず人の名を忘れ、次に顔を忘れる。それからチャックを上げるのを忘れ、次にチャックを下げるのを忘れる。(ブランチ・リッキー)

【お金】

● 若いときは、金こそ人生でいちばん大切なものだと思っていたが、いま年をとってみて、その通りだと知った。(オスカー・ワイルド)

● そもそもお金は道具です。道具は自分に必要な量だけあればいい。(片山右京)

● 大切なのは金をもうけることではなく、ちょうどいいだけの金を稼いで、それを絶やさぬことだ。(作者不詳)

● 道はふたつだ——金のために働くか、金に働かせるかだ。(コンラッド・レスリー)

● 金がないから何もできないという人間は、金があっても何もできない人間である。(小林一三)

● この世にはお金を持っている人と、豊かな人がいる。(ココ・シャネル)

【恐れ】

● 自分が恐れていることをしなさい。そうすれば、もう怖くなくなる。(エマソン)

【女と男】

● 女性というものは愛されるために存在するのであって、理解されるために存在するのではない。(オスカー・ワイルド)

● 多くの女を愛した人間よりも、たったひとりの女だけを愛した人間のほうが、はるかに深く

女というものを知っている。（トルストイ）

- ものを売ろうと思ったら、女性にはお買い得だと言いなさい。男性には値引きしますと言いなさい。（アール・ウィルソン）

か行

【外国語】

- 外国語を知らないものは、自分の国語についても何も知らない。（ゲーテ）

【科学】

- 今日の科学は明日の技術となる。（エドワード・テラー）

【学者】

- 学者は考える時間がなくなるほど研究してはならない。（作者不詳）

【家族】

- 家族は、人間社会の最小にして不可欠の単位である。（ヨハネ23世）
- 人間は自分の欲しいと思うものを求めて歩きまわり、そして家庭に帰ったときにそれを見いだす。（ジョージ・ムーア）

【価値】

● 「勝ち組」になるより、「価値のある人」になるよう努めよ。(アインシュタイン)

【かっこよさ】

● かっこよく見られたいと思ううちは、かっこ悪い。かっこ悪くてもいいと思う人がかっこいい。(中谷彰宏)

【可能性】

● 人はできないものを見つけることで、できることを見つける。(スマイルズ)

【給料】

● 物価はエレベーターで昇り、給料は階段で上がる。(R・A・ビア)

【今日】

● いつかできることはすべて、今日でもできる。(モンテーニュ)

【教師】

● 並の教師は語る。良い教師は説明する。優れた教師はやってみせる。偉大な教師は興味をかきたてる。(ウィリアム・A・ウォード)

【興味】

●興味があるからやるというよりは、やるから興味ができるという場合がどうも多いようである。（寺田寅彦）

【偶然】

●偶然は準備のできていない人を助けない。（ルイ・パスツール）

【結婚】

●結婚は喜びを二倍にして、悲しみを半分にしてくれる。（イギリスのことわざ）

●結婚は夫によって、または妻によって創り出されるものではなく、逆に夫と妻とが結婚によって創られるのだ。（マックス・ピカート）

●私の業績のうちでもっとも輝かしいことは、妻を説得して私との結婚に同意させたことである。（チャーチル）

●結婚するやつは馬鹿だ。しないやつはもっと馬鹿だ。（バーナード・ショー）

【決心】

●決心する前に、完全に見通しをつけようとする者は決心できない。（アミエル）

【健康】

●肉体の健康にまさる富はない。（旧約聖書）

●牛乳配達をする人は牛乳を飲む人より健康である。（西洋のことわざ）

【幸運】

●幸運とは、チャンスに対していつでも準備ができていることである。（J・フランク・ドービ）

●運のいい人間に生まれるほうが、賢く生まれたり金持ちに生まれるよりもいい。（サマセット・モーム）

【行動】

●スタートを切る方法は、しゃべるのをやめて動き始めることだ。（ウォルト・ディズニー）

●最も短い解答は、実際にしてみせることだ。（イギリスのことわざ）

●「何々になろう」とする者は多いが、「何々をしよう」とする者は少ない。（長岡半太郎）

【幸福】

●幸福とは、幸福を問題にしない時をいう。（芥川龍之介）

●私たちの幸福のほとんどは、境遇ではなく、心の持ち方次第である。（マーサ・ワシントン）

●幸せは経験するものではなくて、あとで思い出して、それと気づくものだ。（オスカー・レバント）

【心】

●自分の心を新陳代謝させる時間をつくりなさい。（マルツ）

●人が天から心を授かっているのは、愛するためである。（ボワロー）

【個性】

●かけがえのない人間になるためには、常に他人と違っていなければならない。（ココ・シャネル）

【コミュニケーション】

・コミュニケーション、それは人間であることの本質であるばかりでなく、人生に不可欠な財産である。（ジョン・A・ピアス）

・「話す」の反対は「聞く」ではない。「話す」の反対は「待つ」である。（フラン・レボウィッツ）

さ行

【最悪】

・「これが最悪だ」と言える間は、まだ本当の最悪ではない。（シェークスピア）

【才能】

・才能とは長い忍耐のことである。（エジソン）

【サービス】

・他の人に一生懸命サービスする人が、最も利益を得る人間だ。（カーネル・サンダース）

【時間】

・今日の「1分」を笑う人は、明日の「1秒」に泣く。（チェスターフィールド）

・時はゆっくりと過ぎ、すみやかに去っていく。（アリス・ウォーカー）

・あらゆることが一度に起こらないのは、時間のおかげである。（アーチボルド・ホイーラー）

【仕事】

- 仕事が楽しみなら、人生は楽園だ！　仕事が義務なら人生は地獄だ！（ゴーリキー）
- 仕事の9割までは1割の時間で終わるが、最後の1割で残りの9割の時間がかかる。（『マーフィーの法則』より）
- もしも〝最後の1分間〟というものがなかったら、何事も仕上がるものではない。（作者不詳）
- 仕事を追え。仕事に追われてはならない。（ベンジャミン・フランクリン）
- 思い通りの仕事をしてもらいたければ、忙しい人に頼め。ヒマな人はわざわざ動いてくれないから。（エルバート・ハバード）
- どんな仕事でも「得意です！」と答えて、受けてから勉強するようにしていました。（リリー・フランキー）
- 明日の朝にしようなどと言ってはならぬ。朝が仕事を仕上げてもってきてくれるわけではない。（クリソストムス）

【失敗】

- 何も失敗しない人間は、何も作り出すことはできない。（イギリスのことわざ）
- 自分の好きなことで失敗するほうが、退屈なもので成功するよりずっといい。（ジョージ・バーンズ）
- 失敗の最たるものは、何ひとつそれを自覚しないことである。（カーライル）
- 人生については誰もがアマチュアなんだよ。誰だって初参加なんだ。はじめて試合に出た新人が、失敗して落ち込むなよ。（伊坂幸太郎）
- 失敗とはつまずくことではない。いつまでもつまずいたままでいることだ。（作者不詳）
- 過ちを見てそれを正そうとしなければ、過ちを犯したものと同罪だ。（アメリカ先住民族・

オマハ族の格言）

【自分】

●もっとも重要なことは、自分ひとりで決めるべきだ。（正力松太郎）

●敵と戦う時間は短い。自分との戦いこそが明暗を分ける。（王貞治）

●もう終わりだと思うのも、さあ始まりだと思うのも、どちらも自分である。（フェデリコ・フェリーニ）

【自慢】

●人にほめられたいなら、自分のことをほめるな。（パスカル）

【準備】

●木を切り倒すのに6時間もらえるなら、私は最初の4時間を斧を研ぐことに費やしたい。（リンカーン）

【持論】

●持論を持てば持つほど、ものが見えなくなる。（ヴィム・ヴェンダース）

【人生】

●すべての人間が世に生まれ出たのは、快楽のおかげである。（ヴォルテール）

●我々は短い人生を受けているわけではなく、我々がそれを短くしているのだ。（セネカ）

- 人生とは何か完全に理解できなくても、人生を心ゆくまで楽しむことはできる。（アーニー・J・ゼリンスキー）
- 人の一生は「起承転結」ではない、「起承転転」だ。（童門冬二）
- 人生には三つの段階がある。青少年期、中年期、そして「まあ、なんてお元気な」と言われるとき。（ネルソン・A・ロックフェラー）

【頭脳】

- 人間の頭脳こそ、我々の基本的資源である。（ジョン・F・ケネディ）

【成功】

- 仕事（work）より成功（success）が先に来るのは、辞書の中だけだ。（ヴィダル・サスーン）
- 我々の最大の弱点はあきらめることだ。成功するのに最も確実な方法は、常にもう1回だけトライしてみることだ。（エジソン）
- 成功は最高のデオドラント（防臭剤）よ。過去のにおいを全部取り去ってくれます。（エリザベス・テーラー）
- 生涯における私のいっさいの成功は、時機より常に15分早かったことにある。（ホレーショ・ネルソン）

【成績】

- 私は神様ではないんだから、君が頑張ったかどうかは、成績で判断するしかないんだ。（アイアコッカ）

【成長】

●成長していないなら、死にかけているんだ。（ディズニー）

【青年】

●青年は、未来があるというだけでも幸福である。（ゴーゴリー）

●青年は教えられるより、刺激されることを欲する。（ゲーテ）

●何か大きなことを成就させようと思うなら、人は老いても青年でなくてはならない。（ゲーテ）

【想像力】

●想像できないものを想像することは、想像力の最大利用である。（シンシア・オジック）

●想像力は魂の目である。（ジョゼフ・ジュベール）

た行

【戦い】

●私は死と闘うのではなくて、生きるために戦う。（ノーバート・シガード）

●戦いは最後の5分間にあり。（ナポレオン）

【他人】

●我々は、他の人たちと同じになろうとして、自分自身の4分の3を喪失してしまう。（ショー

ペンハウアー）

- 他人が自分を認めないことを気にするな。自分が他人を認めようとしないことに悩め。（論語）
- 私の食べる物は他人が植えてくれたが、他人の将来食べる物は私が植えよう。（ペルシアのことわざ）

【知識】

- なににつけ、人間は物事の１００万分の1パーセントだって、知ってはいない。（エジソン）
- 知識は自分がこれだけ学んだという誇りである。知恵は自分がこれ以上知らないという謙遜である。（ウイリアム・クーパー）

【知性】

- 第一級の知性とは、２つの相反する考えを同時に頭に入れても、なおかつ頭が働くという能力のことである。（F・スコット・フィッツジェラルド）

【チャンス】

- この世に生を受けたこと、それが最大のチャンスじゃないか。（セナ）
- チャンスに出会わない人間なんぞ一人もいない。それを捕えなかったというだけだ。（アンドリュー・カーネギー）
- 大半の人がチャンスを逸してしまうのは、チャンスが作業着を着て、一見仕事に見えるからだ。（エジソン）

【積み重ね】

● 小さいことを積み重ねるのが、とんでもない所へ行くただひとつの道だと思っています。（イチロー）

【天才】

● 私は天才ではありません。ただ、人より長くひとつのことと付き合っていただけです。（アインシュタイン）

● 人は天才に生まれるのではない。天才になるのだ。（シモーヌ・ド・ボーヴォワール）

● 天才とは、1パーセントのひらめきと99パーセントの汗である。（エジソン）

【天職】

● 私は映画監督になるのを選んだのではない、映画のほうが私を選んだのだ。（フェリーニ）

【友】

● いまだかつて、敵を作ったことのない人間は、決して友を持つことはない。（テニソン）

【トラブル】

● トラブルとは、作業着をまとったチャンスに他ならない。（ヘンリー・ジョン・カイザー）

【努力】

● 人間は努力する限り迷うものである。（ゲーテ）

な行

【長生き】

- 誰もが長生きを望むが、年を取りたいとは思わない。（ジョナサン・スウィフト）

【人間】

- 人間は何も持たずにこの世に来て、何も持たずにこの世を去る。（ヘブライの格言）
- 人間とは、一週間の仕事が終わり、神様が疲れた時に作られた生き物。（マーク・トウェイン）
- 人はすべて生まれながらにして自由かつ不平等である。（グラント・アレン）
- 人間は、メッセージを忘れたメッセンジャーである。（アブラハム・ジョシュア・ヘシェル）

は行

【発見】

- 発見の最大の障害は無知ではない。知っていると勘違いすることである。（ダニエル・J・ボースティン）

【発明】

- どんな発明でも、完全なものは決してない。不断の改良が必要である。（エジソン）

【反対】

●世間の人間の5分の1は、いつでも、なんにでも反対する。（ロバート・F・ケネディ）

●人はあなたに反対なのではなく、自分に賛成なだけだ。（ジーン・ファウラー）

【不幸】

●明日何をすべきかを知らない人間は不幸である。（ゴーリキー）

●過ぎ去った不幸を悔やむのは、さらに不幸を招くもと。（シェークスピア）

【変化】

●変化は生きるうえでの掟である。過去と現在だけに目を向ける人々は、未来を見誤ることになる。（ジョン・F・ケネディ）

ま行

【満足】

●自分を満足させることは全くまれである。それだけ、他の人を満足させたということは、一段とうれしいことである。（ゲーテ）

【無関心】

●同胞に対する最悪の罪は、憎むことではなく、無関心なことだ。（バーナード・ショー）

や行

【勇気】

● 勇気のある人間は、自分自身のことは一番おしまいに考えるものだ。（シラー）

【有能】

● 有能な人は、常に学ぶ人である。（ゲーテ）

【夢】

● 僕は生計のために、夢みる。（スティーブン・スピルバーグ）

ら行

【リスク】

● 変えるにはリスクが伴う。変えなければもっと大きなリスクが伴う。（ジョン・ヤング）

● リスクを冒さなければ、何も得られない。（イギリスのことわざ）

【歴史】

● 歴史とは、ひょっとしたら避けられたかもしれない事柄の集積である。（コンラート・アデナウアー）

【笑い】

- 笑いとは、地球上でいちばん苦しんでいる動物が発明したものである。（ニーチェ）
- 人と人の距離を最も縮めてくれるのが、笑いである。（ヴィクトル・ボルゲ）

参考文献

『頭のいい説明「すぐできる」コツ』(鶴野充茂、三笠書房)
『「いいこと」がたくさん起こる名言セラピー』(植西聰、三笠書房)
『いい言葉を喰らう!』(樋口裕一、中経出版)
『一分間スピーチ』(米山高範、日科技連)
『1分で大切なことを伝える技術』(齋藤孝、PHP研究所)
『1分間をムダにしない技術』(和田秀樹、PHP研究所)
『AさせたいならBと言え』(岩下修、明治図書)
『英語ことわざコレクション』(晴山陽一、三修社)
『オバマ流世界一のスピーチの創りかた』(鶴田知佳子、マガジンハウス)
『思わずニヤリとする言葉』(晴山陽一、青春出版社)
『考える・まとめる・表現する』(大庭コテイさち子、NTT出版)
『聞き手を熱狂させる!戦略的話術』(二階堂忠春他、廣済堂出版)
『90秒で〝相手の心をつかむ!〟技術』(N・ブースマン、三笠書房)

『今日からできる上手な話し方』（臼井由妃、中経出版）
『研修女王の最強3分スピーチ』（大串亜由美、ダイヤモンド社）
『心にズドン！と響く「運命」の言葉』（ひすいこたろう、三笠書房）
『今度こそ、さようなら　新・別れの言葉辞典』（現代言語セミナー、角川書店）
『さようなら！「あがり症」』（麻生けんたろう、同文舘出版）
『喋らなければ負けだよ』（古舘伊知郎、青春出版社）
『人生が変わる英語の名言』（晴山陽一、青春出版社）
『心臓がドキドキせずあがらずに話せる本』（新田祥子、明日香出版社）
『使える！いい言葉』（PHP研究所、PHP研究所）
『すごい言葉』（晴山陽一、文藝春秋）
『世界のトップリーダー英語名言集 BUSINESS』（D・セイン、Jリサーチ出版）
『世界を動かした名言』（J・B・シンプソン、講談社）
『ドクター・ヴァンスの英語で考えるスピーキング』（W・A・ヴァンス、ダイヤモンド社）
『なぜあの人の話に、みんなが耳を傾けるのか？』（関谷英里子、明日香出版社）
『200字で伝える気のきいた1分間スピーチ』（大塚範一、池田書店）
『話し方の技術が面白いほど身につく本』（櫻井弘、中経出版）
『ポケットに名言を』（寺山修司、角川書店）

『名言力』（大山くまお、ソフトバンククリエイティブ）
『もうあがらない！結婚式のスピーチで困らない本』（麻生けんたろう、同文舘出版）
『リーダーの英語』（鶴田知佳子、柴田真一、コスモピア）
『話術！虎の穴』（三橋泰介、源）
『笑いの神様の子供たち』（勝俣州和、小学館）

【著者略歴】
晴山陽一［ハレヤマヨウイチ］

1950年東京生まれ。早稲田大学文学部哲学科卒業後、出版社に入り、ソフト開発部長として英語教材の開発、国際的な経済誌創刊などを手がける。独立後は、ほぼ月1冊という驚異的なペースで本を執筆し、『英単語速習術』(ちくま新書)、『たった100単語の英会話』(青春出版社)、『すごい言葉』(文春新書)をはじめ、数々のヒット作を世に送り出している。近著に『英単語「1秒」レッスン』(成美堂出版)など多数。
〈ホームページ〉http://y-hareyama.sakura.ne.jp

10の「伝える」技術で身につける
うまい、と言われる1分間スピーチ

著　　者　晴山陽一
発 行 者　田仲豊徳
編　　集　株式会社牧野出版
ブックデザイン　神長文夫＋柏田幸子 (WELL PLANNING)
発 行 所　株式会社 滋慶出版／土屋書店
〒150-0001 東京都渋谷区神宮前3-42-11
TEL.03-5775-4471　FAX.03-3479-2737
MAIL shop@tuchiyago.co.jp

印刷・製本　ワールド印刷株式会社

HP http://tuchiyago.co.jp